ONLINE KURS
Erfolgsgeschichten

HERAUSGEGEBEN VON MEIKE HOHENWARTER

KOSTENLOSER BONUS

JETZT BESTELLEN:
Hole dir jetzt alle Interviews auf Video plus weiteres kostenloses Bonus-Material für deinen erfolgreichen Online Kurs Start!

bit.ly/OKEG22

1. Auflage 2022
Copyright © 2022 Meike Hohenwarter
www.meikehohenwarter.com

Amazon Consulting: Hartmut Paschke
www.hartmutpaschke.com

Alle Rechte, insbesondere das Recht der Vervielfältigung und
der Verbreitung sowie der Übersetzung sind vorbehalten.

Fotocredits:
Meike Hohenwarter: Katrin Damman
Lena Reichmuth: Petro Domenigg filmstills.at
Karin Lochner: Susanne Schramke
Andrea Brummack: Philine Bach
Miriam Betancourt: Raimund Verspohl
Magda Bleckmann: Sissi Furgler

ISBN 978-3-9505092-2-9

Für alle, die die Welt zu einem besseren Ort machen wollen!

Dieses Buch ist dir gewidmet!

Ich bin der festen Überzeugung, dass wir Unternehmer:innen jene Menschen sind, die tatsächlich etwas ändern können auf dieser Welt. Während Politiker nur reden, werden wir Coaches und Trainer:innen auch handeln und Menschen in ihre Freiheit führen. Und freie Individuen sorgen für eine friedvolle Welt. Daher solltest du möglichst viele Menschen mit deiner Botschaft erreichen. Denn: Mit Online Kursen kannst du dein Wissen zu Geld machen UND die Welt zu einem besseren Ort!

Inhaltsverzeichnis

Vorwort | Ralf Schmitz 8

Meike Hohenwarter 10
Von der alleinerziehenden Mutter zur Online Kurs Queen

Karin Lochner 16
Vom Saulus zum Paulus - Kopfüber in den digitalen Lunapark

Miriam Betancourt 24
Von der Journalistin mit einem Hobby zur Youtube-Anzeigen-Expertin

Ingrid Werner 30
Vom „selbstgestrickten" Online Kurs zum genialen Nischen-Produkt

Peter Traa 38
Vom Traum vom eigenen Buch zum gefragten Online Senior Coach

Andrea Brummack 46
Vom Wunsch, möglichst vielen Kindern zu helfen, zum Online-Kurs

Magda Bleckmann 54
Von der Vortrags-Rednerin zur Online Präsentations Expertin

Renate Köchling-Dietrich 62
Von einer erschöpfend ausgebuchten Praxis zu mehr Leichtigkeit

Lena Reichmuth........................ **68**
Von der Online Skeptikerin zum begeisterten Online Coach

Andreas Wolf........................... **76**
Vom Hypnose Therapeuten zum gefragten Mentor

Simone Jaeger.......................... **82**
Von der Mutter ohne Kita zur Sekunden-Sammlerin

Brigitta Bischof......................... **90**
Vom überfordernden Bauchladen zum fokussiertem Herzens-Business

BONUS | Ralf Schmitz..................... **98**
Vom Traum, auf Mallorca zu leben, zum Millionen-Business

Unsere tiefste Angst..................... **106**

Über Meike Hohenwarter.................. **107**

Vorwort | Ralf Schmitz

Kennst Du das?

Man lernt jemanden kennen und merkt in den ersten Sekunden: was für ein brodelnder Vulkan! Man spürt die Begeisterung für das, was diese Person tut – in jedem einzelnen Satz.

So war unsere erste Begegnung.

Meike hat mich nun gebeten, das Vorwort für ihr Buch zu schreiben und dieser Bitte komme ich gerne nach. Sehr gerne. Es ist mir eine Ehre. Denn ich bin mir ganz, ganz sicher, dass Meikes Ideen und vor allem Meike selbst, als Business Coach, noch viel erreichen werden. Oder in der Sprache des Online Business ausgedrückt: viel Reichweite wartet noch auf diese Powerfrau und ihre zukünftigen Projekte.

Also habe ich zurückgeblickt.

Auf unser erstes Gespräch – damals online.

Auf das erste Gespräch offline.

Auf das erste Treffen. Schon damals hat mich fasziniert: In fünf Minuten präsentiert Meike mehr Ideen als sie in einer Viertelstunde formulieren kann.

Ich liebe es, wie Meike ihre Ideen daraufhin in Taten umsetzt. Dass sie realisiert wie eine Verrückte – positiv verrückt – und Dinge schnurstracks angeht. Für sich, für ihr Business und vor allem für ihre Kunden und Kundinnen. Meike ist ein Wirbelwind. Sie steht zu ihren Aussagen, vielmehr zu ihren Zusagen und kümmert sich wie kaum ein Zweiter, eine Zweite. Ihr Antrieb: Sie will alle vorwärtsbringen. Und sie schafft das auch. Das beweist dieses Buch.

Ich denke an alle weiteren Aktionen, die in unserer Zusammenarbeit folgten: Kongresse, Bühnenautritte, Netzwerktreffen, Masterminds.

Meike und ich haben in kürzester Zeit unsere Geschichte zusammen geschrieben. Wir werden diese gemeinsam weiter schreiben. Darauf freue ich mich. Es ist so inspirierend und bereichernd, Meike zu kennen und mit ihr zusammenzuarbeiten.

Die Idee für dieses Buch kam über unsere Gespräche und Gedanken zustande: Was kann ich für meine Kund:innen und Kolleg:innen tun? Wie kann ich effektiv helfen, deren Reichweite zu erhöhen? Darin ist Meike stark: Die Ideen sprudeln nur so aus ihr heraus. Eine Idee alleine bringt allerdings noch nichts.

Aus einer Idee macht Meike aber ein Projekt: Idee ausarbeiten, Ideen umsetzen und schon geht es los.

Du hältst – in diesem Moment – nun eine weitere Idee (aus der ein Projekt wurde) in deinen Händen: Eine Idee, die Meike zudem in Rekordgeschwindigkeit und in höchster Qualität realisiert hat.

Ja, es ist eine großartige Idee, dass Meike die Erfolgsgeschichten ihrer Kunden und Kundinnen nun (endlich) in einem Buch gebündelt hat.

Danke Meike für Deine Ehrlichkeit.

Danke Meike für Deine Ideen.

Danke Meike für unsere Gespräche.

Danke Meike für unsere Freundschaft.

Und jetzt viel Spaß beim Lesen und beste Grüße aus Florida.

Ralf Schmitz

Meike Hohenwarter
Von der alleinerziehenden Mutter mit Schulden zur Online Kurs Queen

„Heute verdiene ich in einem Monat ein Vielfaches von dem, was ich früher in einem ganzen Jahr gemacht habe!"

Bevor hier all die wunderbaren Menschen auftreten, die ich dabei begleiten durfte, ein erfolgreiches Online Business aufzubauen, möchte ich dir zuerst meine eigene Geschichte erzählen. Sie hat wohl viele Elemente einer „Von der Tellerwäscherin zur Millionärin" Story. Tellerwäscherin war ich zwar nie, aber meine erste Berufswahl war das Tourismus Management. Schon mit 26 Jahren war ich Direktorin eines Wiener Innenstadthotels mit vier Sternen und über 100 Zimmern.

Doch wie es oft so ist, kamen dann die Kinder und ein Beruf mit vielen Überstunden am Abend und Wochenende war nicht mehr möglich. Aus diesem Grund machte ich mich vor über 20 Jahren mit einem Lerncoaching Institut selbständig. Damals dachte ich noch in ganz kleinen Zahlen und es war mir genug, mit meinen Einkünften ein Angestellten-Gehalt zu ersetzen. Meine Ehe verlief alles andere als glücklich, nur die Kinder und gemeinsame Schulden hielten uns noch eine Weile zusammen. Schließlich schulterte ich beides alleine, weil alles andere unerträglich geworden war.

Just zu dieser Zeit kamen dann einige Änderungen in der österreichischen Förder-Landschaft für außerschulischen Unterricht, die meine Situation (und die vieler anderer Institute) enorm erschwerten. Plötzlich musste ich um jeden einzelnen Kunden ringen. Ich borgte mir Geld von Freunden und Verwandten (denn von der Bank bekam ich schon lange nichts mehr), um mir Berater zu leisten, die mich dann wiederum in Investitionen drängten. Von Leuchtboards auf Bahnhöfen über Gutscheinhefte, Inserate und einem Schaufenster in einer Passage, für dessen Miete man wohl eine nette Garcionniere in Wien bekommen hätte, war alles dabei. Nichts brachte mich weiter. Es wurde immer enger in meiner Geldbörse und in meinem Kopf, denn ich war tief in der Zinses-Zins-Falle und hatte Angst, dass ich das geborgte Geld niemals zurückgeben werde können. Ich schlief rechnend ein, wachte rechnend auf – und dazwischen hatte ich von Zahlen geträumt.

Und dann fragte mich eine Bekannte, ob ich mit ihr zur „Laptop Millionaire World Tour" in Zürich mitkomme. Das ist jetzt etwas über zehn Jahre her. Ich konnte damit gar nichts anfangen! Millionärin zu werden war unendlich weit weg von meiner Denke. Und Online Business – das hatte ich doch schon, oder? Denn ich hatte eine Webseite und eine Facebook Seite und die brachten mir gar nichts außer Arbeit.

Bis heute weiß ich nicht, warum ich dann doch gefahren bin, es war wohl doch so ein Gefühl, dort etwas Neues zu erleben. Auf dem Ticket stand jedenfalls „This Seminar Will Change Your Life" – doch das habe ich erst Jahre später entdeckt. Aber genau so war es letzten Endes: Ich saß drei Tage lang aufrecht im Seminarraum und schrieb ein ganzes Notizenheft voll!

Total aufgeregt kam ich zuhause an und begann postwendend mit der Umsetzung. Das stellte sich als weniger leicht dar, als ich gedacht hatte, denn die Referenten waren alle aus Amerika, Neuseeland, Großbritannien und dergleichen gewesen und hatten ihre englisch-sprachige Software empfohlen. Am deutschen Markt gab es zu diesem Zeitpunkt noch kaum etwas.

Doch das hielt mich nicht davon ab, schon in der darauffolgenden Woche mein erstes Webinar zu meinem Lerncoaching-Thema abzuhalten. Bereits im Monat darauf hatte ich – mithilfe meines Sohnes – meine erste Online Kurs Plattform mit einer Membership stehen.

Und es passierte genau das, was mir in Zürich versprochen worden war! Mein Geschäft kam endlich wieder in Schwung! Das war weit weg von großen Umsätzen, aber genügend, um endlich meine Zinsen bedienen zu können und wieder Hoffnung zu schöpfen.

Was dann passierte, damit hatte ich gar nicht gerechnet: Immer mehr Coaches und Trainer:innen kamen auf mich zu mit der Frage: „Sag Meike, wie geht das mit den Webinaren und mit den Online Kursen?" Den ersten erklärte ich es noch persönlich, doch dann kam mir die Idee, aus diesem neuen Wissen ebenfalls eine Online Membership zu machen. So wurde mein Programm „Follow me!" geboren, ein Jahr später kam dann das „Marketing Basics für Unternehmer:innen" und so ging es jährlich weiter. Ich gewann stetig an Online Business Wissen – zumeist selbst durch Online Kurse aus Amerika – und gab das an meine wachsende Community weiter.

Ende 2015 ging ich dann auch auf Udemy (eine große Online Kurs Plattform aus San Franzisco), was damals noch wirklich gut funktionierte. Alleine dort habe ich heute über 60.000 Teilnehmer:innen in meinen Kursen. Über 500 Menschen habe ich mittlerweile auch ganz persönlich in meinen Coachings und Mentorings betreut. Die unabhängige Bewertungsplattform Proven Expert hat mich mittlerweile schon zwei Mal als Top Expertin ausgezeichnet, weil ich unter den TOP 3 in der Kategorie „Online Marketing" ranke. Und heute verdiene ich in einem Monat ein Vielfaches von dem, was ich früher in einem ganzen Jahr gemacht habe.

Mein Online Business hat mein Leben nachhaltig zum Besseren gewendet. Noch vor ein paar Jahren hatte ich Angst gehabt, nie wieder aus der Lebenssituation hinauszukommen, in der ich in der Zinses-Zins-Falle steckte und voller Angst und Verzweiflung war. Und heute nennt man mich die „Online Kurs Queen" und ich spreche auf den wichtigen deutschsprachigen Branchen-Events, wie dem Online Marketing Kongress (OMKO) oder dem Internet Marketing Kongress (IMK).

Heute lebe ich ein selbstgewähltes freies Leben und habe es mir zum Ziel gemacht, möglichst vielen tollen Coaches und Trainer:innen zu helfen, ebenfalls in ihre Größe zu gehen und viel mehr Menschen helfen zu können und gleichzeitig ihr geniales Wissen zu Geld zu machen. Ich stricke somit ein Netzwerk, in dem ich Menschen helfe, die Menschen helfen. Denn ich glaube fest daran, dass wir Unternehmer:innen jene Menschen sind, die tatsächlich die Welt zu einem besseren Ort machen können! Doch dazu muss man heute online gehen und sein Wissen und seine Fähigkeiten weit hinaustragen, denn nur offline funktioniert das nicht mehr.

Mehr über Meike Hohenwarter findest du hier:

https://www.meikehohenwarter.com/

QUANTUM LEAP
DAS MENTORING PROGRAMM FÜR DEINEN ONLINE BUSINESS QUANTENSPRUNG

> Bist du bereit für **deinen Online Business Quantensprung**? Lass es uns in einem unverbindlichen Gespräch herausfinden!

MIT MEIKE HOHENWARTER

bit.ly/potenzialgespraech

CORONA WAR EINE GROSSE TRENDWENDE

Wie gesagt bin ich jetzt schon über zehn Jahre im Online Business. Corona hat eine große Wende gebracht. Viele Coaches und Trainer:innen konnten in dieser Zeit ihren Beruf nicht ausüben und mussten daher neue Wege finden.

Doch auch heute noch merke ich, dass die meisten Menschen da draußen überhaupt keine Vorstellung davon haben, was ein Online Business ist. Werde ich von durchschnittlichen (meist angestellten) Menschen nach meinem Beruf gefragt, glauben viele, dass ich Influencerin bin und den ganzen Tag auf Social Media herumposte, andere denken, ich bastle Webseiten oder ich wäre eine Programmiererin.

Doch auch viele Coaches und Trainer:innen haben ihre Möglichkeiten nach wie vor nicht erkannt und sehnen sich danach zurück, dass alles wieder so wird, wie es vor Corona war. So wie Karin in ihrer Geschichte von ihren Kolleg:innen erzählt, weigern sie sich, etwas dazuzulernen oder denken gar, sie hätten schon ein Online Business, weil sie Meetings auf Zoom abhalten. Doch das frühere Offline Business teilweise online abzubilden hat nicht viel mit einem Online Business zu tun! Denn ein echtes Online Business ist skalierbar, bringt passives Einkommen und holt einen somit aus der Zeit-gegen-Geld-Falle.

Karin Lochner hat das sofort für sich erkannt und umgesetzt! Sie hat ihre Chance erkannt und ergriffen! Umgekehrt habe ich an ihrem wunderbaren Thailand Retreat teilgenommen. Einzigartig!

Karin Lochner
Vom Saulus zum Paulus - Kopfüber in den digitalen Lunapark

> *„Weniger zu arbeiten, bedeutete auch immer, weniger Einkünfte. Jeder Auftrag, den ich nicht annahm, machte sich direkt auf dem Konto bemerkbar."*

Kurz bevor Corona kam, waren meine Auftragsbücher so voll wie noch nie. Mein Terminkalender platze fast vor Seminarterminen, die ich in ganz Süddeutschland halten sollte. Dazu ein halbes Dutzend bereits vereinbarter Pressereisen für Reisereportagen oder Interview-Termine in Zusammenhang mit Buchaufträgen. Auch meine wöchentlichen Kurse in München liefen gut. Nach über 30 Jahren hatte ich meine drei recht unterschiedlichen beruflichen Standbeine erfolgreich nebeneinander etabliert: Journalismus, Seminare halten und ein kleines Yoga- und Gymnastik-Boutique-Studio. Das Einzige, was ich dringend ändern hätte wollen, war, dass ich insgesamt bedeutend weniger arbeiten wollte. Aber wie? So hatte ich bereits vor Corona Buchaufträge abgelehnt und etliche Seminare an Kolleginnen weitergereicht und auch meine wöchentlichen Stunden Unterricht reduziert. Aber weniger zu arbeiten, bedeutete auch immer, weniger Einkünfte. Jeder Auftrag, den ich nicht annahm, machte sich direkt auf dem Konto bemerkbar.

Als der erste Lockdown kam, beunruhigte mich der Stillstand keineswegs. Ich genoss die erzwungene Entschleunigung, ging viel an die frische Luft, dachte mir neue Seminarkonzepte aus und tauchte voller

Neugier ins Internet, um zum ersten Mal in meinem Leben mitzubekommen, dass es haufenweise Onlinekurse gab. Gratis, aber auch kostenpflichtig. Auch zu Themen, die ich selbst immer in Präsenz anbot: Schreibkurse, Yogastunden, Qi Gong Unterricht. Da stand ich auf einmal in einem aufregenden digitalen Lunapark. In einer Welt, von der ich keine Ahnung hatte.

Vor der Pandemie hätte ich keinen Gedanken daran verschwendet, selbst etwas online anzubieten. Ich hätte die Nase gerümpft und behauptet, ich als Lehrerin brauche den persönlichen Kontakt zu meinen Teilnehmerinnen. Ich muss sie mit meinen Berührungen korrigieren können. Ich muss mitbekommen, ob meine Musik die richtige Lautstärke hat, ob sie meine Anweisungen verstehen.

Ich probierte Gymnastikstunden online aus und siehe da: Ich war durchaus zufrieden. Da hatte ich mich also mächtig getäuscht. Ich stieß bald auf Fachchinesisch wie passives Einkommen, Skalieren, Testimonials, Landingpage, Leads, Affiliate-Marketing, Freebie, Double-Opt-In. Und von einer völlig Ahnungslosen wurde ich zu einer regelrecht Süchtigen, oder vielmehr vom Saulus zum Paulus. Denn zum einen war ich auf meinem Konto auf einmal vierstellig im Minus, und zum anderen wurde mir klar, dass es sehr wohl Potential für meine Angebote im Internet gab. Ich musste schmunzeln, denn wenn ich mich über das Thema Online Business mit Kolleginnen austauschte, dann spiegelten sie mir genau die gleichen Vorurteile, die ich selbst vorher gehabt hatte. Nein danke, lehnten die meisten ab und jammerten über Corona, den Stillstand und die schlimme Zeit.

Ich hingegen wollte so schnell wie möglich herausfinden, ob und vor allem wie ich das Netz mit den schier unendlichen Möglichkeiten für mich nutzen konnte. Denn Zeit hatte ich ja nun mehr als genug, alle Seminare waren abgesagt, genau wie alle beruflichen Reisen und auch mein kleines Studio war bis auf Weiteres geschlossen.

Neben vielen Gratis-Inhalten konsumierte ich bald auch die ersten kostenpflichtigen Kurse. Manchmal machte ich vier Trainings nebeneinander. Ich war unersättlich. Es konnte mir gar nicht schnell genug gehen. Aber irgendwie kam ich nicht vorwärts, kein Wunder: Ich verschlang – wie bei einem Buffet – alles wahllos durcheinander. Diese Fülle konnte ich nicht verdauen.

Als ich auf Meike Hohenwarter stieß, änderte sich alles. Ich machte erst bei einem Gratis-Training mit und lernte dabei schon so viel, dass ich – wie aus einer Trance erwachend - den Dschungel Online Business durchblickte. An Meike gefiel mir von Anfang an, dass sie keine unrealistischen Versprechungen gab, wie andere, die ankündigten, selbst Unbedarfte zu fünfstelligen Monatseinkünften zu führen. Ich buchte die nächste Schulung bei Meike und begriff, wie ich „strategisch" vorgehen sollte. Von dem Kurs an blieb ich Meike treu, machte nur noch Trainings bei ihr, und durchlief alles, was sie zu bieten hatte.

Mittlerweile bin ich Teilnehmerin ihres Mentoring Programms. Die Erfolge, die sich einstellten, verblüfften mich. Jeder Euro, den ich investierte, amortisierte sich bald. In meinen kühnsten Träumen hätte ich mir so eine Entwicklung nicht vorstellen können. Bei meinem ersten Freebie sammelte ich beispielsweise schon 100 neue Mail Adressen ein. Und das, obwohl ich – entgegen Meikes Rat – auf meiner eigenen Optik und Sprache bestand. Meike fragte mich daraufhin, ob sie ebenjene Landingpage für die anderen analysieren durfte, um zu zeigen, wie man es noch besser machen kann. Gerne erlaubte ich es ihr. Und hielt mich beim zweiten Freebie sklavisch an diese Empfehlungen. Daraufhin meldeten sich weitere 200 Leute an!

Mein Signature Kurs wurde ein Beckenboden-Selbstlernkurs-Programm. Über 100 Frauen haben schon mitgemacht und deren Feedback war sehr gut. Dass ich nicht im Studio leibhaftig neben ihnen stand und sie mit Berührungen korrigierte, war kein Thema. Meine verbalen Anweisungen mussten bei einem Selbstlern-Kurs halt sehr präzise sein. Und die meisten fanden es auch gut, dass sie nicht extra zu mir fahren mussten oder ein Wochenende-Seminar besuchen. Mein zweites Online Angebot ist ein Miniprodukt, 21 Fitness Übungen, die nur jeweils 5 Minuten dauern. Auch die habe ich schon 100 Mal verkauft. Ich habe das Gefühl, ich stehe erst am Anfang mit meinen bisherigen zwei Online-Produkten und da liegt noch eine aufregende Welt vor mir. Ich habe so viele Ideen und die Inspirationen multiplizieren sich mit Meike und unserer Gruppe wie Magie.

Als Corona die Fesseln wieder lockerte, hatte ich einen Rückstau meiner Offline-Jobs, den ich immer noch abarbeite. Bücher fertig schreiben, zugesagte Reisereportagen abgeben, Seminare halten, Retreats in Thailand organisieren. Ich bin also – anders als während der Lockdowns – bei weitem noch nicht dazu gekommen, mich so intensiv um mein Online Business zu kümmern, wie ich mir das wünsche. Aber wann immer ich zwischendurch Zeit dafür habe, mache ich es – bevorzugt in unseren Workations. Mit Meike an unserer Seite, entweder über Zoom oder dreimal im Jahr live und in Farbe in Wien. Es macht mir jedes Mal so viel Spaß, dass ich mir auch für meine Offline Welt unglaublich viel Motivation hole: Selbstbewusstsein, Inspiration, Optimismus.

Ich fühle mich so beflügelt. Von den finanziellen Erfolgen einmal abgesehen, hatte ich mein größtes Aha-Erlebnis darin, dass ich aus meiner Komfortzone herausgetreten bin, dass ich meine eigenen Vorurteile bezüglich Online Business überwunden habe. Ich habe das Gefühl, dass ich über mich hinausgewachsen bin. Und das kurz vor meinem 60. Geburtstag! Natürlich genieße ich auch die finanziellen Erfolge. Denn, das war ja genau das, was ich an meinem aufregenden Leben vor der Pandemie gerne ändern wollte: Weniger arbeiten und trotzdem gut verdienen. Es macht mich glücklich und stolz, dass mir das gelungen ist. Dank Meike und dank unserer Gruppe Gleichgesinnter.

Mehr über Karin Lochner findest du hier:

https://www.meine-magische-mitte.de/

**„Wer immer tut,
was er schon kann,
bleibt immer das,
was er schon ist."**

Henry Ford

DRANBLEIBEN IST ALLES

Miriam schreibt im folgenden Beitrag davon, dass sie „sich in den Prozess des Nichtaufgebens verliebt" hat. Ich finde diese Formulierung wunderschön und kann sie nur vehement unterstreichen. Denn die meisten Menschen, die ein Online Business aufbauen möchten, schaffen es nicht.

Zu gerne wollen sie den Schmeichlern und Schreiern glauben, die ihnen erzählen, dass der Erfolg sich quasi über Nacht einstellt. Für teures Geld wird hier eine Sehnsucht verkauft, die natürlich wenig mit der Realität zu tun hat. Denn ein Online Business baut sich eben nicht über Nacht auf! Man muss lernen, auch mit Rückschlägen umzugehen und sich stets hinterfragen und oft mehrfach neu erfinden, bis alles wirklich rund wird.

Eine Person, die das hervorragend macht, ist Miriam Betancourt. Ihr erstes Business hat nicht geklappt, doch nebenbei hat sie dort bemerkt, was sie wirklich gut kann und womit sie vielen Menschen von Nutzen ist. Doch auch dieses Business hat sich nach ein paar Jahren nicht mehr so gut angefühlt – und deswegen hat sich Miriam nochmals neu erfunden. Mit durchschlagendem Erfolg! In wenigen Jahren hat sie es geschafft, unter die ganz Großen im Online Business aufzusteigen! Ich freue mich mit ihr und denke an den Spruch: „Der wahre Meister ist der, der die meisten Meister hervorbringt."

Ich bin stolz darauf, sie bei ihren Anfängen begleitet zu haben! Umsatzmäßig hat sie mich übrigens mittlerweile sogar überholt.

Miriam Betancourt
Von der Journalistin mit einem Hobby zur Youtube Anzeigen Expertin

„Heute lebe ich ein viel freieres Leben, ohne jemandem Rechenschaft schuldig zu sein."

Freundschaft auf den ersten Blick – so war es bei Meike und mir. Kennengelernt haben wir uns vor fünf Jahren bei einem Online Business Seminar in Zürich. Da saß diese Frau …aufmerksam…zuhörend…und richtig gute Fragen stellend. Ich wiederum fragte mich: „Sie weiß so viel, was macht sie hier?"

Ich war damals an einem ganz anderen Punkt in meinem Leben. Ich war unglücklich bei einer Führungsposition bei einer Zeitung in Deutschland und versuchte nebenberuflich mein Kräuter-Online-Business aufzubauen.

Dass Meike eine der wichtigsten Wegbegleiterinnen werden würde, ahnte ich damals noch nicht. Aber ich muss es wohl gespürt haben.

Ich kann manchmal ganz schön verblendet sein, also versuchte ich zunächst meinen Kräuterkurs alleine zu verkaufen. Ich dachte halt, ich weiß es besser. Aber das war Pustekuchen.

Mein Onlinekurs verkaufte sich nämlich genau NULL mal.

Okay, ich brauchte Hilfe. Das war mir danach klar und so wurde Meike zu einer meiner ersten Mentorinnen.

Es gab einen Blick von außen auf mein Business und es war sehr reinigend. Denn Meike wollte mich nicht klein machen. Im Gegenteil: Sie wollte mich groß machen und zeigte mir den richtigen Weg.

Durch meine „Ich weiß alles selbst und besser-Haltung" hatte ich mir so viele Stolperfallen gebaut.

Um nur einige zu nennen:
- Falsch positioniertes Produkt
- Falsches Webseitendesign mit einem entsetzlichen Grün
- Falscher Verkaufsprozess

Ich könnte jetzt noch lange aufzählen, was es alles war.

Was aber damals schon gut geklappt hatte, war meine Facebook Werbung – und zwar so gut, dass Meike mich fragte, ob ich das auch für sie machen könnte. Darauf hatten mich mittlerweile mehrere Leute angesprochen, so dass aus meinem Kräuterbusiness ein Anzeigen-Business wurde.

Plötzlich stieg mein Umsatz! So sehr, dass ich mich komplett auf mein Online Business konzentrierte und den Zeitungsverlag verlassen konnte.

Aber eins ist sicher im Onlinebusiness: Es ist nichts beständig und irgendetwas verändert sich immer. So spürte ich mit der Zeit, dass es immer schwieriger wurde, Facebook und auch Instagram Anzeigen profitabel zu machen. Somit musste wieder eine neue Idee her! Youtube Anzeigen!

Wiederum arbeitete ich mich in ein neues Thema hinein. Ich testete vorerst verschiedene Anzeigen und investierte mein eigenes Budget in etwas, das nichts mit meinem Business zu tun hatte: Wenn ich es schaffte, Nahrungsergänzungsmittel im englischsprachigen Raum zu verkaufen, dann wusste ich, dass es funktionierte.

Meinen Test startete ich an einem aufregenden Tag. Ich hatte meinen ersten Bühnenauftritt und auch der Promi Jochen Schweizer sollte mit auf der Bühne stehen. Also schaltete ich morgens die Anzeige, ging auf die Veranstaltung und kam abends voll Adrenalin in mein Hotel zurück. Da fiel mir die Anzeige wieder ein. Ich fuhr mein Laptop hoch und konnte meinen Augen kaum trauen: Ich hatte einen Verkauf in Neuseeland. Für mich war dies die Bestätigung, die ich brauchte!

Ich änderte erneut meine Positionierung! Neue Website, neues Design! Endlich verschwand auch das grausame Grün auf meiner Seite, das noch aus Kräuterzeiten übriggeblieben war.

Heute bin ich eine der wenigen Expertinnen für YouTube Anzeigen auf dem deutschen Markt. Da sich unser Hirn Geschichten viel besser merken kann als reine Fakten, setze ich zudem auf Elemente des Storytelling in der Anzeige. Über Verkaufspsychologie erreichen wir zudem den Betrachter emotional und erhöhen die Wahrscheinlichkeit eines Kaufs. Mein System heißt Storymarketing für Hirn, Herz und Geldbörse.

Mein Leben hat sich seitdem komplett verändert. Ich habe zwar nicht unbedingt mehr Zeit, aber dafür bin ich viel glücklicher! Ich kann mir aussuchen, wann und mit wem ich arbeite. Vor kurzem engagierte mich einer der größten Online Marketer in den USA, um sein Team zu Thema YouTube Anzeigen zu trainieren. Was für ein Ritterschlag!

Ich habe so viel Zeit in mich selbst, in die Recherche und das Lernen investiert. Das ist der Grund, warum ich heute da bin, wo ich bin. Viel

Fleiß und harte Arbeit haben die letzten Jahre geprägt. Ich sage immer: „Man muss sich in den Prozess des Nichtaufgebens verlieben!"

Meike hat mir dabei geholfen. Sie begleitet mich seither und ich sie. Wir geben einander Impulse und unterstützen uns. Mit Integrität und Authentizität, schafft Meike es immer wieder, Berge zu versetzen.

Heute lebe ich ein viel freieres Leben. Ohne jemandem Rechenschaft schuldig zu sein, kann ich nun spontan mit meiner Tochter zum Arzt oder einfach in der Stadt einen Kaffee trinken gehen. Vor allem finanziell befinde ich mich nun in einem ganz anderen Universum. Ich verdienen heute so viel in einem Monat wie damals im Angestelltendasein in einem Jahr. Glücklicherweise bin ich in einer Branche, die erst ganz am Anfang steht und in den nächsten Jahren noch enorm wachsen wird.

Hätte ich damals dem Kräuterkurs gefolgt und es bei meiner quietschgrünen Website belassen, stünde ich heute nicht hier wo ich stehe! Meike bringt eben das beste Potenzial in uns hervor. Wir müssen sie nur lassen!

Mehr über Miriam Betancourt findest du hier:

https://www.miriambetancourt.de/

ETWAS GANZ EIGENES ERSCHAFFEN

„Ich bin Montessori Lehrerin und wollte das online unterrichten. Nun sehe ich, dass es da schon jemanden gibt, der das als Online Kurs anbietet. Daher werde ich nun doch nicht online gehen", diese Zeilen schrieb mir vor Kurzem eine Interessentin. Ich finde es unendlich schade, dass so viele Menschen über den Online Business Markt urteilen, ohne sich weiter damit zu befassen.

Was Markt-Nischen betrifft, kann man online und offline genau das Gleiche sagen: Es ist Platz für ganz viele Montessori Lehrer:innen, Persönlichkeits-Coaches oder Yoga Lehrer:innen. Doch was der Markt nicht belohnt, ist wenn alle genau das gleiche Angebot haben. Deinen Kurs gibt es da draußen noch nicht! Und daher ist es wichtig, dass du dein besonderes Wissen und deine Persönlichkeit betonst und nicht schleifst! 0815 wird dir weder Ruhm noch Geld einbringen. Und genau deswegen achte ich in meinen Coachings immer darauf, die jeweilige Persönlichkeit (wie einst da Vinci den David) aus dem Stein hervorzuholen.

Ingrid Werner aus unserem nächsten Beitrag hat das hervorragend gelöst, indem sie ihre Fähigkeiten als Autorin und Schriftsteller:innen-Coach mit ihren NeuroGraphik-Kenntnissen verheiratet hat und daraus etwas ganz Neues und Eigenes geschaffen hat: Das NeuroWriting!

Ihre Online Kurse sind somit nischig und einzigartig! Sie sind ihr Beweis, dass Online Business funktioniert und man mit Kreativität Geld verdient!

Ingrid Werner
Vom "selbstgestrickten" Online Kurs zum genialen Nischen-Produkt

„Ich dachte, mit Kreativität lässt sich kein Geld verdienen."

Als ich vor einem Jahr Meike zum ersten Mal in Griechenland traf, hätte ich nicht gedacht, dass dieses Treffen mein Leben verändern würde.

Ich bin Autorin und NeuroGraphik-Trainerin. Als NeuroGraphik-Trainerin unterstütze ich Menschen, Lösungen für ihre persönlichen Themen auf kreative und intuitive Art und Weise zu finden - egal ob im beruflichen oder privaten Kontext. NeuroGraphik ist eine Zeichen- und kreative Transformationsmethode, die von einem Psychologieprofessor entwickelt wurde. Durch die besondere Zeichentechnik der NeuroGraphik werden im Unterbewussten neue Eindrücke zu den persönlichen Themen erzeugt. Diese neuen Eindrücke kreieren neues Denken. Neues Denken produziert neues Handeln. Neues Handeln neue Ergebnisse. Ein spannender Prozess.

Während meines Workshops damals auf Zakynthos unterhielt ich mich mit Meike. Sie sprach mich auf mein Online-Business an, das zwar rudimentär existierte, aber einfach nicht funktionieren wollte.

Ich hatte nur einen Online-Kurs zu CharakterCards, einer intuitive Figurenentwicklung, die ich konzipiert hatte. Als Autorin und Dozentin für Kreatives Schreiben weiß ich, wie wichtig interessante und tiefgründige Figuren für eine Geschichte sind. Mit CharakterCards gelingt dies. Ich schrieb auch ein Sachbuch darüber, das sich bis heute gut verkauft. Der Online-Kurs war für mich jedoch nur ein Notnagel.

Eigentlich reiste ich mit meinen zwei schwarzen Koffern durch das Land, um überall Präsenz-Workshops zu geben. Ich war gut gebucht und liebte, was ich tat.

Doch dann kam Corona und damit das Aus für die Präsenz-Workshops. Es brach alles weg. Von heute auf morgen blieben die Einnahmen meiner Workshops aus, die einen Großteil meiner Einkünfte ausmachten. In meiner Verzweiflung bastelte ich mir ohne jegliches Vorwissen, dafür mit viel Mühe und über mehrere Monate hinweg den Online-Kurs zu CharakterCards.

Ich wusste nicht, wie genau ein Online-Workshop auszusehen hatte und wie ich diesen am besten vermarkten sollte. Ich gab einiges an Geld aus, um mir bestimmte Funktionen einrichten zu lassen und arbeitete hart an meinem Projekt. Ich steckte so viel Herzblut, Zeit und auch Geld hinein, doch mit wenig Erfolg. Nur ein paar Menschen buchten. Da half auch keine Werbung über Facebook und Instagram.

Ich war enttäuscht und traurig. So viel Mühe und Arbeit und dann alles umsonst! Natürlich kamen gleich Selbstzweifel auf: „Mache ich irgendetwas falsch? Habe ich den Workshop nicht schön genug gestaltet? Oder bin ich einfach nicht gut genug? Wahrscheinlich haben alle in meinem Umfeld doch recht: Mit Kreativität kann man eben kein Geld verdienen!"

Diese Zweifel kannte ich gut. Nach der Geburt meiner Kinder hatte ich den kreativen Berufsweg eingeschlagen, der sich zeitlich gut mit den Kindern vereinbaren ließ, aber nie wirklich Geld einbrachte. Erst die Präsenz-Workshops waren ein Hoffnungsschimmer am Horizont. Aber nun war auch das zerschlagen und ich erlebte wieder, dass mein

Engagement nichts brachte. Ich arbeitete Vollzeit, hatte ein schlechtes Gewissen meinen Kindern gegenüber und musste trotzdem von meinem Ehemann „durchgefüttert" werden. „Ich möchte doch einfach nur das tun, was ich liebe, aber eben auch gut damit verdienen!"

Ich wollte eigenständig mein Leben finanzieren können und nicht von meinem Mann abhängig sein. Ich glaube, keine Frau wünscht sich das. Außerdem wollte ich allen zeigen, dass ich es auch ganz alleine schaffen konnte, doch mein Online-Kurs wollte einfach nicht funktionieren.

Meike kam zum richtigen Zeitpunkt in mein Leben. Sie erzählte mir von ihrem Business und ihrem Weg dahin. Ich zögerte nicht lang und war bei der nächsten „Online Business Road Map" dabei. Mir wurden die Augen geöffnet und ich verstand, was „Online-Business" wirklich bedeutete. Natürlich gab es auch hier viel zu lernen und bis heute weiß ich natürlich nicht alles, aber bei Meike lernt man Schritt für Schritt sicher in diese neue Welt zu gehen. Alles ist systematisch aufgebaut und so konzipiert, dass man parallel dazu sein Online-Business gestalten, optimieren und neu ausbauen kann.

Ich entschied mich sehr schnell für die Premiumgruppe. Der zusätzliche Eins-zu-Eins-Support und das Mentoring von Meike versetzen Berge. Meike schenkte mir das Vertrauen, dass es diesmal funktionieren würde und ich meinen Online-Workshop auch wirklich verkaufen würde. Außerdem half mir die Community, motiviert in den Tag zu starten und weiterzumachen. Andere auf demselben Weg zu sehen und sich mit ihnen auszutauschen, bestärkte mich immer und immer wieder. Und das Beste: Ich erlebte regelmäßig kleine Erfolge.

Heute lebe ich von meinem Online-Business und bin erfolgreiche Neurographik- und auch NeuroWriting-Trainerin.

Während der Arbeit mit Meike bekam ich den Mut, meinen Online-Kurs NeuroWriting ins Leben zu rufen. NeuroWriting ist NeuroGraphik für Schreibende. Viele Modelle der Neurographik lassen sich sehr gut auf schriftstellerische Projekte anwenden. Mit diesem Kurs unterstütze ich speziell Autor:innen und auch Hobbyschriftsteller:innen.

„NeuroWriting 1" war bereits ein Erfolg und hat viel Spaß gemacht. Deshalb veröffentlichte ich vor Kurzem „NeuroWriting 2". Ich bin unfassbar stolz, die erste und einzige NeuroWriting-Trainerin zu sein. Bei Google kommt man unter dem Begriff „NeuroWriting" direkt auf mich.

Auf meiner Homepage findet man jetzt Gratis-Workshops, Youtube-Videos und Blogbeiträge zu meinen Themen. So hat jeder die Möglichkeit, NeuroGraphik kennenzulernen und für sich auszuprobieren. Ich biete verschiedene NeuroGraphik-Kurse für jedermann und NeuroWriting an.

Mit Menschen eng zusammen zu arbeiten, hat mich schon immer erfüllt. Ich liebe es, eine persönliche Beziehung zu meinen Teilnehmer:innen aufzubauen und persönlich auf jeden Einzelnen einzugehen. Das klappt auch online. Da ich seit über 20 Jahren mit Gruppen arbeite, weiß ich genau, wie ich selbst bei einer großen Anzahl von Personen jeden Einzelnen persönlich unterstützen kann. Mir ist sehr wichtig, gerade in der heutigen Zeit Optimismus zu schenken und die Möglichkeit, sich selbst zu helfen. Das, was ich selbst erfahren habe, gebe ich nun weiter: Es geht nicht alles immer sofort, doch wenn man an die Hand genommen und einem gezeigt wird, wie es funktioniert, kommt man mit Sicherheit schneller ans Ziel als ganz allein.

Es schenkt mir so viel Freude zu sehen, dass es wirklich funktionieren kann, wenn man einfach nur weiß, wie! Jetzt tue ich das, was ich liebe, und kann davon leben. Online zu arbeiten ist einfach unfassbar praktisch und bietet unzählige Möglichkeiten. Ich gehe nun selbstbewusster durchs Leben, bin positiv gestimmt und nutze die Neuro-Graphik natürlich auch für mich. Inzwischen plane ich noch weitere Kurse und bin voller Zuversicht, dass diese sogar noch besser und erfolgreicher werden.

Ich staune immer wieder, was ich alles in einem Jahr auf die Beine gestellt habe. Alles hat sich um 180 Grad gedreht.

Und eins habe ich gelernt: Mit Kreativität kann man eben doch Geld verdienen!

Mehr über Ingrid Werner findest du hier:

https://www.werner-ingrid.de/

„Wissen und nichts tun ist wie nicht wissen."

Dalai Lama

WANN IST MAN EIGENTLICH ZU ALT FÜR EIN ONLINE BUSINESS?

Wenn ich mit Menschen über Online Business spreche, dann höre ich sehr oft die Aussage: „Dafür bin ich schon zu alt!" Das finde ich sehr schade, da solche Totschlag-Argumente immer selbsterfüllend sind!

Ich bin selbst auch keine 17 mehr und weit weg davon, eine Digitale Nomadin zu sein. Als ich das erste Mal an einem Computer arbeitete, war ich schon fast 20: Auf meinem Tourismus Management College lernten wir Tabellen in Lotus 123 zu erstellen. Das war noch so richtig im DOS mit blinkendem grünen Cursor. Ich kann mich noch erinnern, wie toll es war, das erste Mal eine Computer-Maus zu verwenden oder ein laut quietschendes, surrendes Modem zu bedienen. So alt bin ich.

Die gute Nachricht: Um ein Online Business zu starten muss man weder programmieren können noch IT Expert:in sein. Du musst die Dinge noch nicht mal selbst umsetzen, da es genügend junge Menschen gibt, die das gerne für kleines Geld für dich erledigen.

Peter Traa hat sein Online Business mit über 60 gestartet – und es hat ihm einen klaren Wettbewerbsvorteil verschafft, auch gegenüber jün-geren Kolleg:innen.

Peter hat sich außerdem ein Lebenswerk erschaffen: Wenn er eines Tages nicht mehr arbeitet, dann lebt seine Lehre fort und bringt ihm außerdem auch weiterhin ein passives Einkommen!

Peter Traa
Vom Traum vom eigenen Buch zum gefragten Online Senior Coach

„Ich lernte Mal für Mal selbstbewusster und auch wirkungsvoller vor die Online Kamera zu treten."

Ein Online Business! Das kam mir vor einigen Jahren in den Sinn, als ich erkannte, dass ich mein Lebenswerk und meine Werte nicht nur in ein Buch verpacken könne, sondern noch viel besser, in einen Online Kurs.

Seit über 35 Jahren arbeite ich als Persönlichkeitscoach und Trainer. Ich ermutige Menschen, sich sichtbarer und erlebbarer zu machen. Ob im persönlichen, privaten oder beruflichen Kontext. Ich ermutige und inspiriere Menschen, erfolgreich zu sein und das mit und für Menschen, Tag für Tag. „Schluss mit Jammern – lösen!" Im Vier-Augen-Gespräch oder in moderierten Teamrunden erarbeiten wir Lösungswege und entfalten so neue Blickwinkel und Potenziale.

Mein Leben verlief selbst in Wellen und ich erlitt viele Rückschläge. Das hilft mir heute verständnisvoll, fühlend und authentisch zu arbeiten. Mir war es immer wichtig all mein Wissen und meine Erfahrungen zu teilen, um so, etwas „Menschen Stärkendes" zu schaffen. Welche bedeutsame Spuren möchte ich in meinem Leben hinterlassen, fragte ich mich und hielt an einem Buch fest. „Eines Tages! Eines Tages würde ich ein Buch schreiben!"

Doch ich erkannte, dass es viel mehr Wege gab, als ein Buch. Online Kurse, Webinare, YouTube Videos, Audios oder gar PodCasts, um auch mit Stimme und Stimmung zu arbeiten. So viele Möglichkeiten, um seine Mission in die Welt zu tragen. Immer wieder hörte ich, dass ich eine angenehme und beruhigende Stimme hätte. Man würde mir gerne zuhören und ich würde verständlich und verständnisvoll erklären. Zudem erleben mich meine Coachees, Workshop-Teilnehmer und Gesprächspartner als sehr inspirierend und Mut machend. Das zeigte mir, dass ich auch online sehr gefragt sein könne und mein Lebens- und Erfolgsbuch auch virtuell und visuell produziert und erlebbar sein könne.

Ich stieß auf Meike und ihr großes Spektrum an Tools und Wissen, um sich sein eigenes Online Business aufzubauen. Obwohl ich als Orchesterdirigent, Referent und Moderator sehr gefragt bin und sehr bühnenaffin bin, hatte ich großen Respekt vor dem reinen Online Auftritt. Wie soll da eine persönliche, positiv spannende Atmosphäre entstehen?

Meine Videos sollten gut verständlich und nahbar sein. Ich wusste, dass mit einem Online Kurs jeder seine Augen auf mich werfen würde. So perfekt wie möglich sollte es werden Sowohl technisch wie auch visuell wirkend. Ganz genau musste ich mir überlegen, was meine Kunden brauchten. Wie könnte ich sie auch online mit meinen Stärken und Fähigkeiten weiter unterstützen, sie in ihre Kraft und Kreativität bringen und Bedeutsamkeit und Sinn stiften? Viele Ideen schwirrten mir durch den Kopf. Hier ein Kurs, da ein Webinar. Meine Online Plattform sollte wie eine Art besonderer Kaufladen werden.

Es sollte verschiedene Abteilungen geben mit unterschiedlichen attraktiven Lern- und Entwicklungsangeboten und vor allem viel gute Tipps & Tools, die etwas bewegen und voranbringen. Doch wusste ich, dass weniger oft mehr ist. Ich merkte, dass ich mich fokussieren und bei einer stimmigen Angebotsentwicklung beginnen musste. All mein Wissen, sollte in einen großen Trichter fließen, um am Ende leicht und konzeptionell vermittelbar zu sein.

Als zu Beginn der Pandemie mein langjähriger Hauptkunde, die Personalentwicklung eines Konzerns in München mit über 7000 Mitarbeitern, mich darum bat, ein Online Seminar zu meinen beiden Themen „Emotionale Intelligenz" und „Selbstbewusst und wirkungsvoll auftreten" zu entwickeln, war ich kurz erschreckt. Noch nie zuvor hatte ich ein Persönlichkeitsseminar online gemacht.

Dennoch schaffte ich es, innerhalb kürzester Zeit ein Online Seminarkonzept in Verbindung mit einem 1:1 Coaching per Video anbieten zu können. Meine Online-Coachings und moderierten Workshop-Einheiten kommen nach wie vor begeisternd an, so dass ich heute bereits meinen elften Kurs mit durchschnittlich acht Teilnehmer:innen gebe. Alle Teilnehmer:innen erhalten zudem einen Zugang zu meiner Online Tool Plattform, die ich über „Coachy" anbiete.

Dieser Erfolg beflügelte und bestärkte mich, dass professionelles Coaching auch online funktionieren und erlebbar gemacht werden kann.

Mittlerweile macht es mir sogar Spaß, auch online vor Kamera und Mikrofon vertrauenswürdig und fühlbar zu sein und etwas zu bewirken.

Mein Ruf ist seither und nicht nur bei meinen bestehenden Kunden, enorm gestiegen. Ich bin nach wie vor sehr gefragt. Ein bisschen glaubte ich damals, ich würde aufgrund meines Alters vielleicht bald abgeschrieben sein, doch es zeigte sich eher das Gegenteil. Meine Erfahrung und meine Expertise machten mich aus, weshalb ich bis heute noch immer gebraucht und gut gebucht werde.

Diese Bestätigung tut mir sehr gut und zeigt mir, dass es mir möglich ist, auch als SeniorCoach zeitgemäß konzeptionell und technisch gut aufgestellt zu sein und mein Lebenswerk sinnstiftend verwirklichen zu können.

Meike schenkte mir immer und immer wieder enorm viel Mut. Allgemein ist es wundervoll, mit Meike zu arbeiten. Sie ist eine ErMUTigerin durch und durch. Sie unterstützt persönlich, fachlich und menschlich kompetent und verhilft dabei, Angst und Unsicherheit in Selbstvertrauen, Zuversicht und individuell wirksame Kompetenz zu wandeln. Vor allem die Angst vor technischen und konzeptionellen Herausforderungen wird einem bei Meike schnell genommen.

Seit meiner Arbeit mit ihr habe ich eine für mich stimmige Online-Präsenz aufgebaut und kann diese zeigen. Eine inspirierende und praktisch nutzbare "Tipps, Tricks & Tools"-Plattform, hilft dem oder der Nutzer:In, einfach und verständlich verschiedene Aspekte zu betrachten und umzusetzen.

Meine Hemmungen vor spontan produzierten Audio- und Video-Auftritten online habe ich fallen lassen und dafür mein kreatives Selbstvertrauen vor und über den Bildschirm gestärkt. Ich weiß, wer ich bin und wie ich mich auch weiterhin authentisch am Markt positionieren kann.

Außerdem kreiere und produziere ich Lösungsideen, Erfolgsspielräume und »MutTutGut-Tools« für Menschen wie du und ich. Meine erfahrene Seniorität setze ich gezielt, erfolgreich und erfüllt ein.

Wer gerne einmal in meine Arbeit und meine Vision schauen oder eher lauschen möchte, kann gerne meinem PodCast folgen. Auf meiner Website gibt es zudem ab Anfang 2023 das „Bring Dich in deine Kraft" Online Coaching Paket mit 1:1 Coaching mithilfe dessen man das Gute in sich stärken lernt, seine Erfolgsspielräume nutzt und damit wertvoll für andere ist.

In diesem Format wird es möglich sein, noch mehr seine Potenziale zu entfalten und gefühlsbewusst nach seinen tiefen Bedürfnissen und Werten zu leben. Ich freue mich auf all das, was noch berührend und bewegend möglich ist.

Mehr über Peter Traa findest du hier:

https://peter-traa.de/

*„Erfolg ist die Fähigkeit,
von Misserfolg zu Misserfolg zu gehen,
ohne den Enthusiasmus zu verlieren."*

Winston Churchill

WER SAGT, DASS ES IM ONLINE BUSINESS NUR UMS GELD GEHT?

In meiner Story habe ich dir erzählt, dass ich mit meinem Lerncoaching Institut durch einige harte Jahre gegangen bin. Und obwohl ich oft nicht wusste, wie ich die nächste Miete begleichen sollte, hatte ich immer großes Mitgefühl mit den mir anvertrauten Kindern. Sie kamen oft aus Migranten-Hintergund oder sozial schwachen Familien und oft konnte ich erahnen, dass blitzgescheite Kinder eine Karriere als Schulabbrecher:innen vor sich hatten.

Und so schenkte ich oft Einzel-Coaching-Stunden einfach her, nur um zu helfen. Das war natürlich nicht sehr geschäftstüchtig!

Als ich dann meine Lerncoaching Inhalte online stellte, war ich begeistert, dass ich nun mein Wissen herschenken konnte, ohne mir dabei selbst ins Fleisch zu schneiden. Denn Online Kurse sind beliebig oft abrufbar, ohne mich zusätzlich Zeit oder Geld zu kosten. Das animierte mich damals noch mehr, den Online Weg zu verfolgen und ich vergebe bis heute auch immer Stipendien!

Auch Andrea Brummack hat erkannt, wie viel mehr Menschen sie für ihre Sache gewinnen kann, wenn sie online geht. Sie lässt sich nicht davon abschrecken, dass im sozialen Bereich Online Kurse total unüblich sind und geht ihren ganz eigenen Weg. Mit Erfolg! Denn sie will so vielen Frauen und Kindern wie möglich helfen, sich von schweren Traumata zu erholen.

Andrea Brummack
Vom Wunsch, möglichst vielen Kindern zu helfen, zum Online Kurs

„Ich hatte lange überlegt, ob ich wirklich ein Online Business starten sollte, denn die Worte Unternehmerin oder Business sind im sozialen Bereich eher ungewöhnlich, ja fast verpönt."

In Deutschland haben wir ein gesellschaftliches Problem mit sexueller Gewalt. Es wächst anstatt zu schrumpfen – obwohl einiges Geld in Forschung und Prävention fließt. Das meiste passt noch nicht zu den vitalen Bedürfnissen von Menschen, die sexuelle Gewalt erlebt haben. Es geht bei dem Thema um mehr als nur um Denken oder Sprechen (also Kognition).

Seit über 20 Jahren arbeite ich als Therapeutin für sexuell traumatisierte Frauen und Kinder. Unter dem Motto *Sometimes Stillness Changes Everything* zeige ich, wie man ganz ohne viele Worte verstehen und bei der Heilung helfen kann.

Ich bin oft überrascht, wie wenig manche Menschen über ein paar einfache hilfreiche Dinge in diesem Bereich wissen. Kinder zum Beispiel lieben Spannung und Spiel. Sie lösen ein Trauma nicht logisch, sondern mit dem, was sie mit ihrem vitalen Sensor als gut erkennen.

Meine Kunden sind Organisationen, die ich regelmäßig besuche und denen ich meine Expertise anbiete – direkt bei ihnen vor Ort, unter anderem in Frauenhäusern. Frauen, die schwere Gewalt erlebt haben, finden dort Schutz. Sie brauchen Zuflucht und einen Ort der Ruhe, um sich von der permanenten Angst und dem enormen Stress zu erholen.

Einige kommen zusammen mit ihren Kindern, manche haben einen Fluchthintergrund. Teilweise über Jahre waren Mutter und Kind zu Fuß über Land unterwegs, wurden mit einem Boot über das Meer transportiert, kenterten oder mussten miterleben, wie andere ertranken.

Nach dem langen Überlebenskampf in Deutschland angekommen, fehlen Kindern dann die frühkindliche Bildung, wie wir sie hier kennen und Boden unter den Füßen. Sie haben kein Land, keine innere Heimat, keine Sprache für das, was sie erwartet und nicht selten einen gewalttätigen Vater, der sie oder ihre Mutter weiter verfolgt.

Flucht und Vertreibung und körperliche, psychische oder sexuelle Gewalt zu erleben, bedeutet eine bestimmte Art von Zerrissenheit.

Viele Lehrer:innen und Erzieher:innen können oft nicht verstehen, welch basale Lücken Kinder dann haben – und dass das Großhirn sie nicht ausgleichen kann. Den normalen Lehrplan durchzuführen, ist oft unmöglich. Meine Aufgabe ist es, diese Lücken zu erkennen und zu schließen. So haben die Kinder die Chance, Boden aufzubauen – und eine positive Lebensperspektive.

In meiner Arbeit habe ich etliche unvergessliche Geschichten gehört und in vielen davon dazu beigetragen, sie zum Guten zu wenden.

Aussprechen hat eine eigene Kraft. Verschweigen hat eine eigene Kraft. Die ganze Dimension der Nichtsprachlichkeit, in Handlungsdialogen, mit Stille, Schweigen, Stumm-sein, nonverbaler Kommunikation, Gestik, Haptik, einer eigenen Grammatik der Hände u.a. ist mein

Arbeitsspektrum. Hier liegen wichtige Bausteine für das Lösen von einem sexuellen Trauma, ziemlich genau auf den Punkt.

Meine Vision war, das weiterzugeben, was ich herausgefunden habe. Und weil ich engagierte Profis im sozialen Bereich sehr schätze – ihre Art und Weise, die Welt zu sehen, Wärme zu schenken und Kinder zu retten – möchte ich genau da ansetzen: Wie können Sozialpädagog:innen mit mehr Leichtigkeit in schwierigen, gewaltvollen Situationen arbeiten?

Daher haben Dagmar Klink und ich das Buch „Way Out: Sichere Hilfe für missbrauchte Kinder – Was hilft und was heilt" geschrieben. Dieser Ratgeber wendet sich speziell an Menschen, die für Kinder verantwortlich sind und die ihnen helfen möchten, die Folgen sexueller Traumata zu verarbeiten.

Es geht darin viel um Sprachlosigkeit und um mögliche Schlüssel für die Wiederherstellung positiver Assoziationen mit Berührung.

Schlimme Erlebnisse können einem die Sprache verschlagen. Das ist eine rein physiologische Reaktion – eine bewusstseinsferne Reaktion. Man kann sie ebenso fern vom Bewusstsein lösen, auf eine stille, körperorientierte Weise. Überlebende sexueller Gewalt wissen das sehr gut. Doch im Mainstream ist dieses Körperwissen noch nicht angekommen.

Vor etwa einem Jahr stieß ich auf Meike und ihre elefantisch große Online Community.

Ich hatte lange überlegt, ob ich wirklich ein Online Business starten sollte, denn die Worte „Unternehmerin" oder „Business" sind im sozialen Bereich eher verpönt. Ich war unsicher, ob ich mich so nennen kann, ob ich das will. Aber warum sollte ich darauf sitzen bleiben, warum wichtiger nehmen, wie etwas heißt, als dass es notwendig ist und hilft?

Ich will, dass es Kindern gut geht, und ich will, dass es Sozialpädagog:innen gut geht.

Schritt für Schritt arbeitete ich mich durch Meikes Kurse, nahm regelmäßig an allen Zoom Calls teil und baute mir den Start meines eigenen Online Business auf. Erstaunlich, wie groß allein der technische Aufwand war! Das war mir zu Beginn nicht so bewusst.

Die Community inspirierte mich enorm. Eine Teilnehmerin hatte zum Beispiel die Idee, ich könnte mit einem Kleinkinder-Kurs anfangen. Darauf wäre ich alleine nicht gekommen. Es ist toll, welche Ideen die anderen haben, wie großzügig wir uns unterstützen, jeweils mit dem Blick von außen.

Dann kam mir die Idee zum „Clearing-Tool Sexueller Missbrauch". Mit diesem digitalen Tool – in Form eines Quiz – erfährst du die Basics über Signale, mit denen Kinder auf sexuelle Gewalt aufmerksam machen. Und du bekommst sofort mehr Klarheit bei einem Verdacht auf sexuelle Gewalt.

Mithilfe von fünf Fragen in vier verschiedenen Bereichen kannst du erkennen, ob ein klarer Verdachtsfall vorliegt. Du gehst nach bestimmten Gesichtspunkten vor und kommst dem auf die Spur. Es geht darum, den Verdacht auf sexuelle Gewalt gegen Kinder zu klären und so festzuhalten, dass er nicht mehr so leicht unter den Tisch fällt.

Wer das als sozialer Träger in seine Abläufe einbauen will, wer sexuelle Gewalt ernst nehmen, einen Verdacht identifizieren und dokumentieren will, kann die Fakten mit meinem Screeningbogen festhalten und leichter kommunizieren. In einem Frauenhaus ist das zum Beispiel interessant für den Fall, dass ein Kind auszieht und danach weitere Hilfe vom Jugendamt brauchen wird. Dann kann eine Mitarbeiterin das ausgefüllte Papier einfach an weitere zuständige Stellen weitergeben – und die Informationen gehen nicht verloren.

Den Kurs zu dem Thema habe ich „Die Fokus-Methode" genannt. Weil es so schwer ist, den Fokus zu behalten, statt sich vom Thema sexuelle Gewalt blenden zu lassen. (Es ist hier ziemlich normal, wenn die Wellen hochschlagen und man den roten Faden verliert.) Eine Ausfüllhilfe und ein Fallbeispiel demonstrieren genau, wie das Formular ausgefüllt wird – in einer knappen halben Stunde. Eine Liste mit den wichtigsten Signalen, die auf sexuelle Gewalt hinweisen, wird dazu kommen.

Der Aufbau ist so:

Fokusmethode = Clearing Tool + Screeningbogen

Durch Meike habe ich gelernt, all dies technisch umzusetzen, meine Website zu verfeinern und auf mich und meine Arbeit aufmerksam zu machen. Mittlerweile habe ich sogar schon auf der Bühne gestanden und einen Vortrag gehalten (natürlich spreche ich über Kinderschutz und die Kraft der Stille).

Ich liebe Inspiration und ich mag Neues – dafür bin ich in Meikes Welt im richtigen Umfeld. Es gibt mir Energie, treibt mich an, sorgt dafür, dass ich meine Standards hebe und hält mich accountable, wenn ich von meinen Plänen abweiche. Klar nehme ich mir auch mal eine Auszeit, die nutze ich in den meisten Fällen zum Netzwerken, für meine Hobbies oder für meine Liebsten.

Auf meiner Website findest du einen Blog, in dem regelmäßig Beiträge zum Thema Kinderschutz veröffentlicht werden. Es geht bei mir immer darum, wie du dich von Gewalt erholst – und seit jetzt, seit Meike, was ich in einem virtuellen Raum dafür tun kann. Ich bin froh, dass ich hierhin gefunden habe. Meike hat mich motiviert, den Weg ins Online Business zu gehen.

Mir liegt es am Herzen, Traumata zu lösen und bei der Heilung zu helfen. Ich möchte dazu beitragen, Gewaltkreisläufe zu beenden. Wenn das mithilfe eines Online Business zusätzlich möglich ist, ist es für mich der Schritt in die richtige Richtung.

Ich freue mich darauf, in Zukunft noch mehr virtuell aufzubauen und meiner Vision einfach weiter zu folgen.

Mehr über Andrea Brummack findest du hier:

www.andreabrummack.de

ONLINE VERSUS OFFLINE BUSINESS?

Vor Corona haben mir viele Coaches und Trainer:innen gesagt, dass ihr spezielles Business einfach nur offline machbar sei. Die Reisebeschränkungen und Lock Downs haben uns gezeigt, dass so ziemlich jedes Business doch auch online möglich ist. Trotzdem wünschen sich viele Unternehmer:innen so schnell wie möglich die „guten alten Zeiten" zurück. Doch: So wie es war wird es nie wieder sein!

Ich denke, die Frage, ob Online oder Offline Business ist eine polarisierende! Viel eher sollte man sich fragen, welche Business Elemente sich besser online durchführen lassen und welche offline. Ich persönlich liebe es, auf Offline Events zu gehen und auch selbst welche abzuhalten, doch bin ich froh, dass mir heute so manche Reise erspart bleibt!

Ein Retreat an einem schönen Ort mit den treuesten Kunden als Jahres-Höhepunkt zu gestalten, ist eine feine Sache. Doch muss man tatsächlich jede Einführungs-Veranstaltung offline abhalten? Hier hat man nur einen kleinen Einzugs-Radius und zahlt hohe Mieten. Da ist man mit einem Webinar viel besser dran!

Magda Bleckmann hat diesen Trend rechtzeitig erkannt und wählt heute weise, welche Veranstaltungen sie online und welche sie offline abhält! Zudem lehrt sie anderen die heute so wichtige Fertigkeit, digitale Veranstaltungen erfolgreich zu meistern und sich online überzeugend zu präsentieren.

Magda Bleckmann
Von der Vortrags-Rednerin zur Online Präsentations Expertin

„Heute sind 80 % meines Business online"

Als promovierte Betriebswirtin, ehemalige Fraktionschefin und Landesrätin, stand ich schon oft vor Publikum, um Vorträge und Reden zu halten. Selbstbewusstes und authentisches Auftreten war und ist enorm wichtig, um jeden Einzelnen zu erreichen und die eigene Botschaft zu überliefern.

Heute bin ich gefragte Rednerin, Businesscoach und Vortragende zum Thema Netzwerken und starker Auftritt. Ich helfe anderen, ihren eigenen Auftritt, ob online oder offline, vorzubereiten, zu perfektionieren und souverän zu präsentieren.

Vor der Pandemie wurde ich sehr häufig gebucht, bin umhergereist und habe an verschiedenen Orten Vorträge gehalten und sogar Live Kongresse organisiert. Es lief beruflich so gut, dass eine Akquise nie nötig war. Jeder Live-Auftritt, verschaffte mir bereits einen neuen. Ich liebte es, in der Öffentlichkeit zu stehen und vor Publikum zu sprechen. Als sehr kommunikativer Mensch, war es eine Erfüllung, mich mit verschiedenen Teilnehmern:innen und Persönlichkeiten zu unterhalten. Auch wenn ich kaum zu Hause war, waren es viele spannende und abwechslungsreiche Jahre. Es lief einfach bestens.

Als ich im Dezember 2019 erstmals von „Covid-19" hörte, kam sofort ein merkwürdiges Bauchgefühl auf. Nicht lange nachgedacht, kaufte ich bereits den ersten Kurs bei Meike. Im Nachhinein muss ich wirklich sagen: Gott sein Dank handelte ich so schnell. Denn hätte ich dies nicht getan und hätte ich vielleicht noch weitere Monate gewartet, wäre es ein noch viel größerer, vor allem, finanzieller Verlust gewesen.

Da ich bereits vor Corona einen Onlinekurs zum Thema Small Talk entwickelt hatte, war mir die Online Welt nicht ganz fremd. Zoom hatte ich ohnehin bereits häufig für meine internationalen Business Gespräche und Mastermind Gruppen genutzt. Als dann durch Corona plötzlich alle meine Aufträge und Buchungen wegfielen, versuchte ich jede freie Minute, Meikes Kurse weiter durchzuarbeiten und mein Business online zu erweitern. Es war ein herber Schlag für mich, niemanden mehr persönlich treffen zu können und nicht mehr meine Expertise auf Live Auftritten verdeutlichen zu können.

Mich nun online mehr auf ein Thema zu fokussieren, war tatsächlich eine Herausforderung für mich. Den roten Faden und Fokus immer beizubehalten, war etwas, worauf ich immer und immer wieder bewusst achten musste.

Doch war es enorm hilfreich, von Meike verschiedene Tools und eine didaktisch aufbereitete Vorgehensweise an die Hand zu bekommen, um für mich beziehungsweise meine Kunden:innen am Ende ein Online Gruppenprogramm zu erstellen.

Ich lernte, setzte direkt um und entwickelte so mein eigenes System, wie man zum Online Meeting Master wird und digitale Veranstaltungen erfolgreich meistert. In zehn aufeinander aufbauenden Modulen lernt man, verschiedenste Werkzeuge und Wirkungsmittel, die man benötigt, um souverän zu wirken und die Aufmerksamkeit des Zuschauers zu gewinnen. Außerdem lernt man, wie man eine Präsentation attraktiv gestaltet und mit unterschiedlichen Präsentationsmodi und Interaktionen die Teilnehmenden zu begeistern und selbst Spaß zu haben.

Meike gab mir immer wieder Tipps und Anregungen, zeigte mir zudem, was ich alles in einem Online Programm weglassen darf. Welche umfassenden Möglichkeiten es gibt, virtuell zu arbeiten und was man alles benötigt, um von der Vorbereitung, bis zur technischen Umsetzung, alles ansehnlich und funktional zu gestalten.

Jetzt, zwei Jahre später, sind 80 % meines Business online. Ich habe den für mich perfekten Ausgleich gefunden und kann auch wieder zu Live Auftritten und Kongressen gehen.

Es ist so viel zeitsparender und effizienter, ein Online Business zu haben, da man sich viele Reisen sparen und die Zeit für seine Familie nutzen kann. Ich reise nicht mehr so viel umher und verdiene von zu Hause aus, dennoch ist der Gedanke daran, dass ich theoretisch von überall in der Welt arbeiten könnte, wunderbar und beruhigend. Es schenkt einem, ein enormes Freiheitsgefühl. Meine Zielgruppe ist daher auf Frauen ausgelegt. Frauen, die selbst Kinder haben und die sich mehr Zeit für diese wünschen. Frauen, die online durchstarten und ihre Expertise auch online zur Verfügung stellen wollen.

So biete ich mittlerweile mehrere, exklusive Programme an. Mir ist es wichtig, die Exklusivität beizubehalten und die Garantie zu vermitteln, dass jede Teilnehmende individuell von mir begleitet werden kann. Ich vermittle mit Spaß und Leichtigkeit. Interaktion ist bei mir großgeschrieben, weshalb Teilnehmer:innen bei mir schnell ins Tun und Umsetzen kommen.

Der erste Schritt ist häufig der schwierigste. Ich stupse meine Teilnehmer:innen an und motiviere sie, Schritt für Schritt auch ihre eigene Online Präsenz zu steigern und erfolgreich zu verankern. Ich habe ein zielgerichtetes Programm für Gruppen geschaffen, das verschiedene Module und

Übungseinheiten enthält. Dazu gehören Umfragen, Break Out Sessions, Whiteboard, Fragetechniken, Übungsaufgaben und vieles mehr. Mindestens einmal die Woche kommt die Gruppe zusammen und darf dann üben und durchführen. Ich interagiere mit jeder einzelnen und leite die Teilnehmer:innen dazu an, aktiv zu werden.

Wer zu mir kommt, schließt am Ende des Kurses mit der sogenannten „Generalprobe" einer Live Online Präsentation ab. Das kann ein Webinar, ein Vortrag oder auch ein Teil eines Online Trainings sein. Jede Teilnehmende bekommt Feedback von mir und allen anderen Teilnehmenden und hat ihren fertigen Vortrag oder auch Webinar parat. Das ist das große Plus. Dies ist einzigartig und habe ich so noch nirgends anders gesehen. Der Hauptaspekt liegt hier in der direkten Umsetzung. Die Kundin bekommt die Chance, live zu performen und ihr Gelerntes zu präsentieren. Erst nach diesem Online Auftritt, erhält sie das Zertifikat.

Zudem habe ich in den letzten zwei Jahren "Die 7 goldenen Online Regeln" herausgebracht. Ein E-Book, in dem vermittelt wird, wie man professionell virtuell auftritt und für einen Wow- Effekte sorgt. Dieses kann man sich ganz einfach auf meiner Website herunterladen.

Nie hätte ich gedacht, dass ich einen Online Adventskalender mache und für nächstes Jahr steht ein neues Projekt mit Selbstlernkurs und begleiteten Gruppenkurs an. Das wird ein kurzes sechs Wochen Format sein, da das der ausdrückliche Wunsch der Kund:innen war. Der Kurs heißt: „Knack den Webinarcode – Du bist nur eine Online Präsentation von Deinem Durchbruch entfernt."

Wer sich zu Beginn übrigens noch nicht sicher ist, ob und wie er mit mir zusammenarbeiten möchte, dem biete ich einen Mentoring Call an. Man lernt sich kennen und verschafft sich einen Überblick. Gemeinsam bespricht man dann das Ziel und die möglichen Schritte dorthin.

Und wenn ich nicht weiterhelfen kann, dann kenne ich jemanden!

Die Art und Weise heute zu arbeiten, hat sich einfach geändert. Es passiert viel mehr online. Wer jetzt die Chance nicht nutzt, diese Fähigkeit sich online zu präsentieren und online und offline zu kombinieren, der wird früher oder später nicht mehr wettbewerbsfähig sein. Online zu sein ist heute für Unternehmer:innen essenziell, sonst versäumt man den Anschluss. Wer nun nicht aufspringt, wird bald den Zug der Zeit versäumt haben.

Mein Zug hielt rechtzeitig und ich bin überglücklich, dass ich aufgesprungen bin.

Mehr über Magda Bleckmann findest du hier:

https://www.magdableckmann.at/7-goldene-online-regeln/

*„Die Definition von Wahnsinn ist:
Immer wieder das Gleiche zu tun
und andere Ergebnisse zu erwarten."*

Albert Einstein

DER WEG AUS DEM HAMSTERRAD

„Zum Leben zu wenig, zum Sterben zu viel", so geht es vielen Coaches und Trainer:innen. Um jeden Monat die Miete zahlen zu können - und auch aus dem Wunsch heraus, möglichst vielen Menschen helfen zu können, bürden sie sich viel zu viele Arbeits-Stunden auf. Dringend sehnen sie sich nach mehr Ruhe und Erholung. Einfach mal durchschnaufen zu können wäre schon toll.

Ein Online Kurs ist hier eine brillante Lösung! Doch kommt ein erfolgreiches Online Business leider nicht so einfach im Schlaf daher (auch wenn das manche behaupten). Es macht zuerst einmal zusätzliche Arbeit: Man muss sich weiterbilden, Dinge ausprobieren, Zeit für das Neue finden. Und genau diesen Absprung schaffen die wenigsten. Sie starten voller Enthusiasmus, geben aber dann beim ersten oder zweiten Widerstand schon auf. Was dann bleibt, sind halbfertige Projekte und Investitionen, die sich nicht amortisiert haben. „Online Business ist eben doch nichts für mich", hört man dann oft.

Renate Köchling-Dietrich spricht in ihrem Beitrag über die japanische Kultur und darüber, dass es dort nicht um Schnelligkeit, sondern um die Tiefe geht. Diese Sichtweise ist in unseren Breiten leider nicht populär. Alles muss sofort funktionieren, ansonsten wird es aussortiert. Und genau darum gibt es nicht viele, die langfristig bestehen und immerwährenden Nutzen für ihre Kunden bringen.

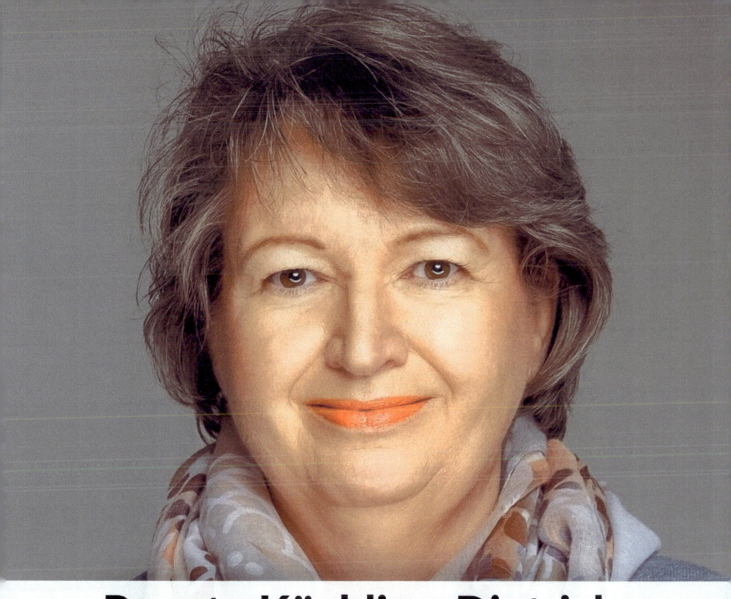

Renate Köchling-Dietrich
Von einer erschöpfend ausgebuchten Praxis zu mehr Leichtigkeit

„Die Technik und die Automatisation brachten mich ins Schwitzen."

Seit etwa 20 Jahren bin ich als Shiatsu Praktikerin und -Lehrerin tätig. In meiner Praxis behandle ich regelmäßig und führe Klient:innen wieder mehr in ihren Körper zurück, beziehungsweise ins Gleichgewicht.

Shiatsu ist eine japanische Behandlungsmethode, bei der gezielt Druck auf bestimmte Energiepunkte und Bahnen ausgeübt wird. Man regt die blockierte Lebensenergie, japanisch „Ki", an, aktiviert den natürlichen Energiefluss und die Selbstregulierung. Schmerzen, Schlafstörungen, Tinnitus, Verdauungsprobleme und vieles mehr, vor allem chronische Themen, können dadurch verbessert und positiv beeinflusst werden. Dabei unterstützen Übungen und Selbstbehandlungstechniken, die auch aus anderen Methoden der traditionellen japanischen Medizin stammen.

Da ich zudem Heilpraktikerin bin, verbinde ich die konventionelle mit der traditionellen japanischen Medizin. Neben Kursen organisiere ich auch immer wieder, bei besonderen Retreats im Kloster oder am Meer, tief in die japanische Medizin einzusteigen und Shiatsu bei einem mehrtägigen Aufenthalt kennenzulernen und zu spüren.

All dies biete ich nun schon viele Jahre an, mit hohem zeitlichem Aufwand. Dabei merkte ich, dass es Zeit für etwas Neues wurde, weil so zu arbeiten einfach ziemlich viel für mich war. Da ich immer persönlich gefragt war, während ich Kurse mit zwölf bis achtzehn Teilnehmern:innen leitete, durfte ich es mir selten leisten, krank zu sein. Ich musste fit und wach sein, obwohl ich auch mal erschöpft war und am liebsten an dem Tag zu Hause geblieben wäre. Zudem war ich fast immer gut erreichbar. Hier ein Anruf, da eine E-Mail und dort wieder eine Anfrage. Meine Praxis war gut besucht, worüber ich mich nicht beschweren möchte, doch lastete immer ein enormer Druck auf mir.

Meine „freien" Wochenenden und Zeiten nutzte ich, um auf mich und meine Arbeit aufmerksam zu machen. Ich ging auf Gesundheitsmessen, Straßenfeste, unterhielt mich mit Interessenten:innen und erzählte von meiner Tätigkeit.

Ich spürte immer mehr, dass ich etwas verändern wollte, einen Schritt zurücktreten möchte, um mir mehr Gutes zu tun. So entstand die Idee, einen Online Kurs zu erstellen. Damit hätte ich weniger Präsenzzeit und mehr Freiraum für mich.

Ich stieß 2020 zufällig durch einen Artikel auf Meike und ihr Angebot. Ich habe direkt bei Meike ihr Coaching und die dazugehörigen Kurse gebucht.

Zu Beginn war ich überfordert von der Fülle des Materials. Viele Fachbegriffe waren auf Englisch und ich musste mir bewusstwerden, was diese überhaupt bedeuteten. Die Technik und die Automatisation brachten mich ins Schwitzen. Einige Kapitel und Kurse wiederholte ich mehrmals, um auch wirklich jedes Detail verstanden zu haben. Alles war wunderbar strukturiert. Schritt für Schritt konnte ich die Kapitel durcharbeiten und parallel schon vieles umsetzen. Glücklicherweise hatte ich auf Anhieb eine Idee für einen Online Kurs, musste allerdings meine Positionierung einmal mehr „nachschärfen".

Heute, zwei Jahre später, arbeite ich immer noch viel offline, allerdings nicht mehr ganz so viel wie zuvor. Ein bisschen mehr Freizeit verschafft mir erholsame Ruhe und noch mehr Gelassenheit.

Da der Einzelkontakt immer eine direkte Rückmeldung für mich bedeutet, möchte ich die Behandlungen nicht aufgeben, allerdings ihre Zahl verringern. Regelmäßig im Laufe des Jahres wird es ein Webinar geben, das meine Kund:innen durch die japanische Übungsmethode Sotai innerhalb von fünf Minuten weg vom Schmerz hin zu mehr Beweglichkeit führen kann. Weitere Online Kurse werden folgen und auch noch viele Blogbeiträge rund um Shiatsu, Gesundheit und die Mitte.

Ruhestand oder Pensionierung kommt mir noch nicht in den Sinn. Ganz im Gegenteil: Ich möchte mein Wissen weitervermitteln und zeigen, dass der Körper Signale sendet, die wir nur lernen müssen, wahrzunehmen und zu verstehen. Der Körper braucht nicht immer diverse Medikamente, sondern er kann alternativ behandelt werden und ganz natürlich von innen und außen selbst heilen. Shiatsu, beziehungsweise die traditionelle japanische Medizin, kennt hier wundervolle Möglichkeiten.

Durch mein breites Interesse in verschiedenen Bereichen habe ich mir in den Jahren viel Wissen angeeignet. Bevor ich als Shiatsu- und Heilpraktikerin arbeitete, war ich unter anderem als Kunsthistorikerin an der Universität tätig. Ich durfte einen Studiengang Komplementäre Methoden mitgestalten, leiten und dort unterrichten. Dadurch bin ich geübt, Dinge zu vermitteln und verständlich zu machen.

Wer in meine Praxis kommt oder online mit mir zusammenarbeitet, der bekommt nicht nur eine Behandlung, sondern erfährt etwas über sich und seinen Körper. Ich erkläre und veranschauliche leicht und nachvollziehbar, was dem oder der jeweiligen Klient:in im Alltag weiterhelfen kann. Es gibt nie eine allgemeine Lösung, sondern immer eine für die aktuelle Situation. Der Mensch ist ein Individuum und wird so behandelt. Ich liebe und brenne für die japanische Kultur. Sie zeigt, anders als in Deutschland, dass es nie um Schnelligkeit und nur das Ziel, sondern vielmehr um Tiefe und „wie mache ich etwas" geht.

Daher bin ich nach zwei Jahren immer noch bei Meike. Jeden Tag lerne ich dazu und ändere ständig etwas ab. Dass meine Website noch nicht vollkommen fertig ist, habe ich akzeptiert und arbeite daran. Bei Meike lernt man nie aus. Der direkte Support ist enorm wertvoll.

Neben kleineren Produkten, plane ich im nächsten Jahr ein großes Produkt mit direkter Begleitung zu launchen. Teilnehmer:innen haben dann die Möglichkeit, in ihrem eigenen Rhythmus den Kurs durchzugehen und parallel von mir begleitet zu werden. Als Goldstück wird es am Ende einen Live Workshop oder Retreat an einem wunderschönen Ort geben. Alle kommen zusammen und spüren in einem vertrauten Kreis die Kraft ihres eigenen Körpers. Darauf freue ich mich besonders!

Mehr über Renate Köchling-Dietrich
findest du hier:

https://www.renatekoechlingdietrich.de/

„ICH KOMM' NICHT GUT AUF VIDEO..."

„Wenn ich einen Online Kurs aufnehme, dann muss ich mich auf Video zeigen und das mag ich nicht!" So oder so ähnlich ist ein Einwand, den ich sehr oft höre.

Ich kann das nur allzu gut nachvollziehen, denn ich habe mit dem Medium Video selbst schwer gekämpft. Jahrelang produzierte ich nur für die Tonne, denn ich konnte mich einfach nicht anschauen auf Video! In dieser Zeit hatte ich schon über 20.000 Kurs-Teilnehmer:innen, die nur ein Foto von mir und die Präsentation auf meinem Bildschirm zu sehen bekamen. Es geht also auch ohne! Richtig erfolgreich wurde ich aber erst dann, als ich mich voll und ganz zeigte – denn dann wurde ich für meine Kund:innen viel spürbarer. Das hat nur eben ein paar Jährchen gedauert.

In der Auseinandersetzung mit mir selbst, warum es mir so schwerfällt, mich auf der Leinwand zu zeigen, habe ich übrigens sehr viel über mich selbst lernen dürfen! Sehen mich Leute heute auf Videos, können sie mir gar nicht mehr glauben, dass mir das noch vor ein paar Jahren gänzlich unmöglich war. Übung macht die Meisterin, kann ich da nur sagen. Lena Reichmuth, der wir im nächsten Beitrag begegnen, ist mit ganzem Herzen Schauspielerin und Coach. Sie hilft Führungskräften, ihre Rollen anzunehmen und mit Bravour zu meistern. Mit der Kamera hatte sie zwar nie Probleme, dafür umso mehr mit dem „Online Thema". Zum Glück konnte auch sie ihre Bedenken ablegen, denn heute hilft sie Expert:innen dabei, der Star in ihren eigenen Videos zu sein.

Lena Reichmuth
Von der Online Skeptikerin zum begeisterten Online Coach

„Da ging mir ein Licht auf: Ich bin Filmschauspielerin! Und eine Webcam ist nichts anderes als eine Filmkamera!"

Wir alle sind Schauspieler:innen und sprechen vor und mit Menschen. Online wie live. In uns allen stecken König:innen und Bettler:innen, hässliche Entlein und schöne Schwäne. Mithilfe von Schauspieltechniken können wir die Rollen unseres Lebens bewusst einnehmen und vorteilhaft verkörpern. Auf welche Rollen und Szenen möchte ich fokussieren? Welche Rolle spiele ich nie wieder? Wir bekommen in jedem Moment unseres Lebens die Gelegenheit, bewusst zu wählen, wer wir sein wollen, welche Seite in uns wir ins Licht rücken wollen. Das unterstützt uns dabei, authentisch, kompetent und überzeugend vor unser Publikum zu treten.

Seit über 20 Jahren arbeite ich bereits als Schauspielerin vor der Kamera. Größen wie Catherine Deneuve oder Moritz Bleibtreu waren meine Kolleg:innen. Catherine Deneuve durfte ich sogar coachen.

Als Filmschauspielerin bin ich geübt, souverän und selbstbewusst vor die Kamera zu treten und täglich aus der Komfortzone herauszugehen.

Das war allerdings nicht immer der Fall. Eher schüchtern und ruhig saß ich als Kind häufig „hinten in der Ecke". Ich war das typische hässliche Entlein, das bloß kein Aufsehen erregen wollte. Und vielleicht gerade deshalb faszinierte mich die Idee, in andere Rollen zu schlüpfen. Als ich meiner Familie nach der Matura in Zürich kundtat, dass ich Schauspielerin werden will, waren sie entsetzt. Ich solle doch etwas „Vernünftiges" studieren, Medizin zum Beispiel. Schauspiel; das sei nichts für mich! Niemand glaubte an mich und mein Talent. Ich ließ mich aber von der Meinung der anderen nicht beirren und studierte in Paris und am Max-Reinhardt-Seminar in Wien Schauspiel.

Mit der Zeit wurde ich selbstbewusster. Das knallharte Studium lehrte mich, die Schüchternheit zu überwinden und ins Licht zu treten. Ich wuchs über mich hinaus. Das hässliche Entlein verwandelte sich allmählich in einen schönen Schwan. Ich denke, dass dieser anfangs schwere Weg heute meine Arbeit besonders und einzigartig macht. Ich kann die „Sorgen und Ängste" meiner Coaching-Schützlinge so gut nachvollziehen und sie innert kürzester Zeit von selbigen befreien!

Als Coach helfe ich Manager:innen, Anwält:innen, Politiker:innn, CEOs und vielen anderen, selbstbewusst aufzutreten und der Star auf ihrer persönlichen Lebensbühne zu werden. Es ist erstaunlich, wie viele Menschen doch Schauspieltechniken anwenden, ohne sie zu kennen, unbewusst. Ich mache meinen Coachees das bewusst und bringe ihnen diese Techniken so bei, dass sie immer abrufbar sind, besonders unter Druck, Stress und Lampenfieber. Mit gezielter Atem- und Stimmtechnik sowie mit Körpersprache und dem richtigen Mindset treten sie dann (selbst)bewusst und überzeugend vor ihr Publikum und legen ihr Lampenfieber allmählich ab.

Im Jahr 2019 kam auch Meike zu mir ins Coaching. Sie stand damals vor ihrem ersten Liveauftritt und hatte noch nie zuvor vor großem Publikum gesprochen.

Im Zuge dieser Zusammenarbeit sagte Meike zu mir, dass sie in meiner Arbeit viel Potenzial für ein Online Business sehe. Ich lachte laut und sagte „Nein!". Es schien mir schon fast suspekt. Als Schauspielerin war ein Online Business für mich überhaupt nicht vorstellbar. Mein Coaching muss man doch live erleben! – dachte ich…

Und dann kam das Jahr 2020.

Ich hatte einen Dozentenauftrag in einem Marketinglehrgang an einer Uni erhalten: „Leadership and Communication Skills: Acting and Performing". Ich sollte auf Englisch unterrichten. Nach eineinhalb Jahren akribischer Vorbereitung hielt ich am 2. März 2020 meine erste Vorlesung. Was für ein Erfolgserlebnis! Die zweite Vorlesung sollte zwei Wochen später stattfinden, was aufgrund von Corona nicht möglich war. Ich wurde gefragt, ob ich diese Vorlesung online abhalten könne. „Nein, natürlich nicht! Wie sollte das gehen?! Schauspiel ist „persönlich". Das ist Kommunikation und Interaktion!" So lange konnte das mit diesem Virus doch nicht dauern!

Als dann aber plötzlich alles wegbrach, musste eine Lösung her. Ich hatte fürchterliche Existenzängste. Ich lebte doch von der zwischenmenschlichen Interaktion und diese war über Nacht nicht mehr möglich. Kein Film, keine Bühne, kein Coaching und keine Vorlesung. Eine Welt brach zusammen.

Da erkannte ich, dass ich meine Prinzipien, meine Vorurteile, sofort fallen lassen musste. Ich hielt mich an die folgenden zwei Gesetze aus dem Improvisationstheater:

1. Erkenne die Umstände und passe dich ihnen sofort an.
2. Verwirf deine Pläne, wenn sie nicht mehr passen.

Wir nennen das in der Künstlerwelt auch „Kill Your Darling". Es war schmerzhaft, aber ich killte meinen Darling.

Ich kontaktierte Meike und sie stellte mir ihren Zoom Kurs zur Verfügung. Zoom war etwas ganz Neues für mich. Ich hatte zuvor noch nie davon gehört.

Und dann ging mir ein Licht auf: Mehr als mein halbes Leben lang war ich vor der Kamera gestanden. Ich bin Filmschauspielerin! Ich weiß, wie man vor der Kamera spricht, sich vorteilhaft ins Bild bringt. Und eine Webcam ist nichts anderes als eine Filmkamera! Ich erkannte, dass ich meine Coachees bei ihrem Online Auftritt bestens unterstützen kann.

Alle mussten ja plötzlich Livestreams machen, Online Konferenzen halten oder auch Bewerbungs- und Vorstellungsvideos drehen. Alle sollten über Nacht Filmschauspieler:innen werden. Das war doch perfekt!

Ich gestaltete mein „Acting for Success"-Angebot komplett um und begann, mein Coaching mithilfe von Filmschauspieltechniken online anzubieten. Kaum zu glauben, ich kann mich mittlerweile vor Coachingaufträgen kaum retten. Ich bin sehr glücklich, dass ich diesen Weg gegangen bin und Meike getroffen habe. Sie hat mir geholfen, die alten Prinzipien, dass Coaching mit Schauspieltechniken nur offline möglich sei, über Bord zu werfen. Sie hat es geschafft, mich vom Gegenteil zu überzeugen.

Ich durfte feststellen, dass mein Online Coaching sogar Vorteile hat: die meisten meiner Coachees verlassen die Komfortzone in ihren eigenen vier Wänden leichter. Beim Online Coaching fühlt es sich an, als würde ich "meine Schützlinge" zuhause besuchen und das schafft Vertrauen. Zuhause ist ein sicherer Ort – da ist man mutiger als in fremden Räumen.

Mittlerweile biete ich auch wieder Live Coachings an; diese allerdings nur noch für Fortgeschrittene und Profis. Anfänger:innen steigen bei mir online ein. In meinem Online Workshop „Szenenwechsel" lernen sie die ersten Techniken kennen, um authentisch und charismatisch in den Szenen ihres Lebens und in den Szenen ihrer Karriere zu performen. In diesem Workshop bringe ich ihnen auch ganz gezielt Filmschauspiel-Techniken bei, dass sie in ihren Online Meetings oder YouTube Videos brillieren. Erst später kommen sie zu mir in Wien ins Fotoloft. Das ist dann natürlich ein magischer Moment, wenn sie auf der echten Bühne stehen und die Scheinwerfer angehen.

Ich habe auch schon ein weiteres Online Angebot in der Pipeline, bei dem jede:r Teilnehmer:in im eigenen Rhythmus lernen kann, „Das perfekte Video" zu drehen. Denn viele meiner Kund:innen scheuen davor zurück, vor der Kamera zu sprechen. Sie können ihre Videos selbst nicht sehen und finden sich ganz schrecklich. Damit ist jetzt Schluss!

In diesem maßgeschneiderten, interaktiven Online-Kurs „Das perfekte Video" begleite ich die Teilnehmer:innen dabei, das eigene Bild auf der Leinwand, auf dem Bildschirm, zu lieben. Und das nicht nur auf Deutsch sondern auch auf Englisch.

Seitdem ich mein Coaching auch online anbiete, hat sich alles um 180 Grad gedreht. Ich werde rund um die Uhr gebucht und entdecke mich selbst immer wieder neu. Ich habe meine eigenen Grenzen überschritten, bin immer mehr aus meiner Komfortzone getreten und habe meinen Horizont um Dimensionen erweitert.

Ich selbst habe meine Unsicherheit erneut überwunden und verhelfe den Menschen mit den Techniken der Filmstars nun auch zu einem starken und selbstbewussten Auftritt vor der Kamera, sei es fürs Online Meeting, fürs Livestreaming oder für die Videopräsentation.

Wer mit mir arbeitet, darf wachsen und bekommt den Raum, sich zu entfalten und zu strahlen wie ein Stern. Shine like a Star!

Mehr über Lena Reichmuth findest du hier:

https://www.actingforsuccess.com/

„ICH WEISS, WAS MEINE KUNDEN BRAUCHEN..."

Die meisten Online Kurse entstehen unter komplettem Ausschluss der Öffentlichkeit. Der Coach oder die Trainerin sperrt sich in ein Kämmerlein und nimmt Videos auf und dann wenn alles fertig ist, wird ein erstes Mail geschrieben...

Ich kann es vorwegnehmen: Erfolgsgeschichten starten anders. Anzunehmen, genau zu wissen, was die Kunden brauchen, ist eine Ignoranz, die den meisten Online Kurs Ersteller:innen teuer zu stehen kommt. Nicht selten ist die ganze Arbeit, die man sich gemacht hat, für die Tonne.

Gute Online Kurse werden zusammen mit den potenziellen Kund:innen erstellt! Das heißt der eigentlichen Video-Aufnahme gehen Interviews, Umfragen und Gespräche voraus, die den wahren Bedarf genau abklopfen. Denn in der Erwachsenen-Bildung will niemand einfach mehr wissen. Was die Menschen tatsächlich brauchen, sind Lösungen zu ihren Problemen.

Das hat Andreas Wolf aus dem nächsten Beitrag gut erkannt! Erstaunt stellte er fest, dass neue und auch erfahren Hypnose-Therapeuten sich dringend Anleitung für ein erfolgreiches Geschäft und mehr Praxis wünschten. Diesem Bedarf kam er nach – mit einem Online Abo und weiteren praktischen Angeboten. Diese Strategie hat ihm nicht nur über Corona geholfen, sondern ihn zu einem gefragten Mentor gemacht.

Andreas Wolf
Vom Hypnose Therapeuten zum gefragten Mentor

„Vielleicht klingt es etwas absurd, doch die Corona-Krise hatte für mich auch positive Aspekte"

Seit über 20 Jahren arbeite ich als Hypnose Therapeut und arbeite eng mit meinen Patient:innen zusammen. Nachdem ich als Heilpraktiker die schulmedizinischen Grundlagen und klassische Naturheilkunde gelernt hatte, kam ich später durch eine ethnomedizinische Tranceerfahrung zur Hypnosetherapie.

Ich merkte, dass es mir unfassbar Freude bereitete, nicht nur Hypnose anzuwenden, sondern auch die Technik zu lehren und mein Wissen weiterzugeben. Seit über 15 Jahren bin ich daher schon Trainer.

Ich liebte es, immer in engem Kontakt zu meinen Patienten und auch später Coachees zu stehen, doch als plötzlich 2020 die Pandemie ausbrach, war das so nicht mehr möglich. Direkte Behandlungen und persönliche Treffen fielen weg.

Da ich bereits 2009 einen Online Marketing Kurs gekauft hatte und sogar damals mein erstes Freebie erstellt hatte, kam mir die Idee dort wieder anzuknüpfen. Damals ließ ich allerdings alles im Sand verlaufen und kümmerte mich nicht um mein Online Business, um in der Präsenztherapie und -lehre weiterzumachen.

Nun, 2020, war ich allerdings darauf angewiesen. Doch wusste ich nicht wirklich, wie ich Kunden für mich gewinnen sollte oder überhaupt ein Online Business technisch umzusetzen sollte.

Durch verschiedene kostenlose Angebote stieß ich auf Meike. Ich spürte direkt, dass ich hier in guten Händen war.

Ich muss schon sagen: Meike holt jeden ab, wo er steht und ist mit ihrer direkten und sympathischen Art eine angenehme Mentorin, die motiviert und zugleich sehr verständnisvoll ist. Es macht einfach Spaß, von ihr zu lernen und mit ihr zusammenzuarbeiten.

Ich merkte, dass ich mithilfe von Meike und ihren Kursen, mein Ziel von einem Online Business und eine einhergehende Kundengewinnung erreichen würde. Ich arbeite mich also durch verschiedenste Kurse durch und stieß auf einen Kurs, der das Prinzip des Abonnements erklärte. Das war genau meins!

Meike riet mir allerdings zu Beginn, erst einmal meine Zielgruppe umzudenken und wahrzunehmen, was diese braucht und wie ich sie ansprechen sollte und wie ich folgend helfen kann. Ich hörte also gut zu und bemerkte, dass viele meiner Kund:innen Schwierigkeiten hatten, Klienten zu gewinnen. Sie wollten allgemein mehr Erfahrung in der Praxis sammeln und selbstsicherer in der eigenen Arbeit sein.

So kreierte ich ein Abo für Trainer:innen und Coaches und generierte damit ein regelmäßiges Einkommen. Das war der erste große Schritt. Daneben launchte ich meinen ersten Online Kurs. Was für ein Erfolg!

Nun, zwei Jahre nach dem Start der Pandemie, habe ich mehrere Online Seminare auf die Beine gestellt. Auf meiner Website kann man bereits sechs verschiede Angebote buchen.

Ich helfe angehenden Therapeut:innen oder auch erfahrenen, weiter in die Tiefe zu gehen und selbstbewusster in der eigenen Praxis zu werden. Ich versuche das Unterbewusstsein eines jeden anzuregen und spürbarer zu machen. Das Unterbewusstsein ist wie eine Festplatte: Es enthält eine Weisheit, die im gewissen Maße dazu verhilft, unsere Persönlichkeit zu entfalten.

Meine Coachees trauen sich danach mehr und können sich neu entfalten. Das ist ein wichtiger Aspekt meiner Arbeit.

Außerdem biete ich eine Supervisionsgruppe an. Hier kommt man in die virtuelle Lehrpraxis und tritt in Kontakt mit erfahrenen Therapeut:innen. Die Teilnehmer:innen haben einen regen Austausch und können ihr Profil schärfen. Man wird regelmäßig unterstützt und kann jederzeit Fragen stellen und nach Anregungen suchen.

Neben einem Gruppenprogramm launche ich bald ein sechsmonatiges Einzelprogramm. Dies bietet die Möglichkeit, in die Tiefe zu gehen und seine persönlichen Visionen schneller zu verwirklichen. Das Besondere an diesem Seminar ist, dass man direkte Praxis in meinen Räumen in München sammeln kann, wodurch keine eigene Praxis benötigt wird. Ich stelle die Räume und stehe während einer Therapie zur Seite. Zudem kann man in München auch Präsenzseminare besuchen.

Ob Hypnose, Klopfakupressur oder Reinkarnationstherapie, Basis Module oder für Fortgeschrittene; Ich habe ein großes Angebot, das ich online als auch offline anbiete.

Außerdem verfasse ich gerade mit mehreren Therapeut:innen ein Buch über verschiedene Hypnosewege. Sein eigenes Buch bald in den Händen halten zu können, ist schon ein sehr besonderes Gefühl.

Ich bin gut beschäftigt und freue mich sehr, auf das, was noch alles kommt und auf das, was entstehen darf. Meine Verbundenheit zu mir selbst und meiner Vision spiegelt sich in meiner Arbeit wider. Wer zu mir findet, kann sich auf Menschlichkeit, Tiefe und Leichtigkeit verlassen.

Vielleicht klingt es etwas absurd, doch die Corona-Krise hatte für mich auch positive Aspekte. Es hat mir enorm geholfen, endlich das zu tun, was ich vor über zehn Jahren bereits begonnen hatte: Der Weg zu meinem eigenen Online Business. Nun bin ich für jede Krise gewappnet und bin nicht mehr auf Präsenzseminare angewiesen.

Mehr über Andreas Wolf findest du hier:

https://erfahrungslernen.online/meikebuch

VOM WUNSCH, DIE WELT ZU RETTEN

Simone Jaeger aus unserem nächsten Beitrag erzählt, dass sie schon als Kind den dringenden Wunsch hatte, die Welt zu retten. Auf der anderen Seite war ihr diese auch oft zu viel!

Ich weiß, dass auch du die Welt retten willst! Warum ich das weiß? Nun, weil meine Kunden so ticken! Menschen, die zu mir kommen, wollen natürlich auch gutes Geld verdienen, daran ist ja nichts falsch, das brauchen wir alles zum Leben. Aber sie wollen noch viel mehr. Sie wollen etwas ändern und sie wollen ein echtes Lebenswerk schaffen. Doch viele verzagen. Denn leicht ist es nicht, eine dicke Delle auf der Erde zu hinterlassen.

Doch wenn wir auch nur einem einzigen Menschen das Leben etwas einfacher und besser machen, kann das schon einen großen Effekt erzielen. Du weißt schon, die Sache mit dem Schmetterlings-Flügel!

Damit es nicht nur bei einem Menschen bleibt, dazu ist Online das richtige Medium: Hier hast du die Möglichkeit, um eine große Bewegung zu starten! Ja du!

Denkst du: „Wer bin ich schon?" Dann will ich mit dem Zitat von Marianne Williamson antworten: „Aber wer bist du denn, dass du es nicht sein solltest? […] Dich klein zu halten, dient der Welt nicht. […] Und wenn wir unser Licht leuchten lassen, dann geben wir unbewusst anderen Menschen die Erlaubnis, dasselbe zu tun. Wenn wir selbst von Angst frei sind, dann sind die anderen durch unser Dasein auch frei."

Simone Jaeger
Von der Mutter ohne Kita zur Sekunden-Sammlerin

„Ich hatte so eine unglaubliche Angst, dass man mich auslacht. Aber ich bekam ein so wundervoll berührendes Feedback"

Ich wollte schon als Kind die Welt retten, aber ich musste mich erstmal selbst retten.

Was haben Elternsein und ein Burnout miteinander gemeinsam? Die meisten werden denken: Es ist anstrengend und man ist in einem Dauerstresszustand. Ja, eventuell das auch. Manchmal. Aber vor allem, weiß man nie, wie der nächste Tag wird. Heute habe ich einen guten Tag und schreibe eine Endlos-To Do-Bäume-Ausreiß-Liste, aber am nächsten Tag ist plötzlich alles grau in grau oder alle Kinder sind gleichzeitig krank und die Pläne fallen in sich zusammen.

Als ich Mutter geworden bin, hatte ich meinen Burnout und Depression zum Glück schon hinter mich gelassen. Aber es hätte mich fast wieder erwischt.

Meine Kinder blieben nämlich nicht nur Mal ein paar Tage krank zu Hause, sondern Jahre. Der Dauerstress im Kindergarten hat sie überfordert und ich entschied, dann müssen sie dort nicht hin.

Da ich aber Geld verdienen musste, blieben für meine Arbeit als Sprecherin hauptsächlich Nachtstunden und ein sonstiges Leben fand praktisch nicht mehr statt. Hätte ich nicht schon zehn Jahre vorher angefangen Mindset-Arbeit und Heilung zu studieren, zu lehren und vor allem ständig zu erproben, wäre ich verloren gewesen.

Also verwandelte ich das „Nie Pausen haben" in „Allein auf dem Klo sitzen ist doch eine super Pause" und „Kein Schlaf haben" in „eine Sekunde Schlaf ist doch besser als keine". Ich fing an, Sekunden zu sammeln und meine Methode war geboren.

Dankbar über diesen Reichtum, wollte ich zurückgeben und begann meinen Podcast: „Jede Sekunde zählt".

Täglich bot mir das Leben tausende Sekunden, in denen ich testen konnte, ob ich mich der Krise hingebe und sie mich verschlingt oder ich einen leichten, schnellen Weg finde, mein Leben zu verzaubern. Selbst zu bestimmen, wie ich es erleben und ihm begegnen will.

Gerade in der Corona-Zeit wurde ich oft gefragt, wie ich es aushalte mit diesem dauernden Kinder-zuhause-haben. Während man die Wäsche macht, werden nämlich drüben Wände angemalt und während man dem einen Kind einen Apfel schneidet, klettert das andere mit Buddelzeug ins Katzenklo.

Meine Antwort? Die Annahme. Die erste von vier Säulen meiner Methode. Die Situation, die Kinder und mein Leben erstmal so nehmen wie es ist. Dann kommt der Rest. Denn ich war ja ständig damit konfrontiert, dass etwas anders lief als gedacht. Also nehme ich es so, wie es kommt und auch mich selbst. Früher habe ich mich als Vollidiot und Verliererin beschimpft. Jetzt sage ich, es ist okay und konzentriere mich lieber darauf, noch ein paar kleine weitere Sekunden zu finden, die ich für mich verbessern kann. So falle ich gar nicht erst in ein Loch, aus dem ich mich mühsam heraus arbeiten muss. Sondern bleibe stabil und bin bereit, sobald Energie und Zeit da sind, volle Kraft vorauszufahren.

Aber trotz des Sekundensammelns, habe ich nur eine begrenzte Anzahl an Sekunden am Tag. Mein Podcast hatte immer mehr Resonanz, ich wurde nach 1:1 Coaching Sessions gefragt. Aber wann sollte ich die geben? Zwei Uhr nachts?

Meine Kinder wieder in irgendeine Betreuung stopfen, wo sie untergehen und zu hoffen, sie würden schon irgendwie klarkommen? Nein, das wollte ich einfach nicht. Ich wollte keine Kompromisse, ich wollte meinen eigenen Plan. Für meine Kinder, mein Leben, für mich. Ich war verzweifelt. Und brauchte eine Lösung.

Suchmaschinen brachten mich umgehend auf die Idee eines Online Businesses. Und ziemlich schnell fand ich Meike. Und damit meine ich nicht nur die Suchmaschine fand sie. Ich meine damit mein Herz. Denn das lehrt sie. Keine Geldmaschinerie, die mehr Schein als Sein ist, wie so vieles im Netz. Sondern ein Herzens-Unternehmen aufbauen, das meine Vision nach Außen trägt, meine Werte vertritt und das nachhaltig aufgebaut ist.

Ich buchte die „Online Business Road Map", ein intensiver Wochenend-Workshop bei Meike, der meine Methode und mein Business-Plan in ein wundervolles Fundament goss.

Als ich dann von Meikes Mentoring Programm „Quantum Leap" erfuhr, wusste ich innerhalb einer Sekunde: Das ist für mich! Mein Kopf wollte es mir noch ausreden, aber mein Gefühl war so stark, dass ich sprang.

Ich hatte so eine unglaubliche Angst davor. Vor meiner eigenen Vision. Was ist, wenn alle lachen? Wenn es alles wertlos ist und nutzlos? Bin ich das dann auch? Aber im Gegenteil: Ich bekam ein so wundervoll berührendes Feedback. Der positive Zuspruch, flüsterte mir ziemlich laut zu, dass ich losgehen muss. Losgehen für meine Visionen und Träume. Das Wochenende in Wien war für mich wirklich ein Quantensprung und der erste Schritt in die professionelle Sichtbarkeit.

In der Zeit des „Quantum Leap", habe ich meinen umfangreichen Online Kurs erstellt. Ich bin so stolz darauf und so dankbar. Menschen lernen im Kurs, wie sie kraftvoll in ihrem Handeln werden und dabei sanft im Umgang mit sich selbst bleiben. Man kann den Kurs in elf Wochen Schritt für Schritt in seinem eigenen Tempo durchgehen.

Wie ich es in der Zeit geschafft habe, den Kurs und 30 Podcast Folgen zu kreieren, neben Kindern und Arbeit, weiß ich selber manchmal nicht. Dass Meike einen nicht geringen Anteil daran hatte, ist so wahr wie die Sonne am Himmel. Ihr Leitspruch „better done than perfect" hat mich täglich in die Umsetzung gebracht, ohne zu zerdenken. Ihre Hilfestellungen auf den Punkt und passgenau, haben mir etliche Sekunden (Jahre) gespart.

Vor Kurzem sind wir mit der Familie aufs Land gezogen.

Statt wie erwartet nur ein paar Tage, hatten wir gleich mehrere Wochen kein Internet. Erst machte mich das total nervös. Aber es war egal. Mein Online Kurs verkaufte sich, neue Interessent:innen trugen sich für meinen Newsletter ein, meine gratis „Meditation to Go" wurde heruntergeladen und auch mein Podcast wurde fleißig weiter gehört.

Es erfüllt mich mit so viel Dankbarkeit und Demut, diesen Weg gegangen zu sein. Mich entschieden zu haben, noch einmal all meine Kraft zusammenzuraufen, um mein Online Business aufzubauen und nun zu wissen, dass vieles im Hintergrund weiterläuft. So ist der Spagat zwischen Familie, Beruf und meinen Bedürfnissen, mittlerweile ein Tanz. Ich umarme ja lieber Bäume als vor dem Computer zu sitzen, aber Meike hat es so leicht und humorvoll für mich gemacht, dass es sich kraftvoll und selbstbestimmt angefühlt hat, mein Business aufzubauen und weiterzuführen.

Ich hätte in dieser ganzen Krisenzeit zusammenbrechen können, aber ich bin über mich hinausgewachsen. Keine Kompromisse mehr. Damit begann mein Online-Weg.

Hier auf dem Land haben die Kinder einen Ort, wo sie es morgens nicht erwarten können, loszustapfen mit ihrer Kindergartengruppe. Das erfüllt mein Herz in der Tiefe und ja, es schenkt mir viele Sekunden, die ich für meinen eigenen Herzensweg nutzen kann. Zum Beispiel für mein Buch, meinen neuen Kurs für Meister-Sekundensammler:innen und eine zweite Staffel für meinen Podcast.

Wichtig dabei bleibt: Jede Sekunde zählt! Denn aus Micro-Schritten wird Großes entstehen.

Mehr über Simone Jaeger findest du hier:

https://makimu.de/

„Du kannst im Leben alles was du willst bekommen, wenn du genügend Menschen hilfst, das zu bekommen, was sie wollen."

Zig Ziglar

DIE SACHE MIT DEM BAUCHLADEN…

Ich bekenne mich voll und ganz schuldig, auch ich hatte mal einen riesigen Bauchladen! Ich hatte ein Lerncoaching Institut und gleichzeitig gab ich Life Coachings und Persönlichkeits-Workshops. Außerdem leitete ich eine große Praxis-Gemeinschaft und dann begann ich auch noch Videos zu animieren… Du kennst sicher viele Coaches und Trainer:innen, die ähnlich unterwegs sind. Sie scheinen ganz und gar unfähig, einen ihrer vielen Hüte an den Nagel zu hängen.

Das Gedankengut hierzu sieht ungefähr folgendermaßen aus: „Ich kann so viel und verdiene ja jetzt schon zu wenig! Wenn ich ab sofort eine meiner Einnahme-Quellen streiche, dann wird es wirklich schlimm."

Das, was beim ersten Hinsehen logisch scheint, ist es aber nicht. Denn bei so vielen komplett verschiedenen Angeboten fehlt der Fokus. Unsere potenziellen Kunden können uns nicht einordnen, sie können sich nicht vorstellen, dass wir so viel Verschiedenes wirklich können - und sie spüren uns nicht. Daher buchen sie nicht. Wir, auf der anderen Seite, verzetteln uns zwischen fünf verschiedenen Webseiten. Auf Networking Events wissen wir gar nicht, was wir von uns erzählen sollen. Vor lauter Komplexität schweigen wir.

Brigitta Bischof aus unserem nächsten Beitrag hat aus dem Gefängnis ihrer vielen Fähigkeiten und Interessen herausgefunden und kann sich nun fokussiert ihrem Herzens-Business widmen – und vor allem auch ganz oft auf Urlaub fahren, wie sie das schon immer gerne wollte!

Brigitta Bischof
Vom überfordernden Bauchladen zum fokussierten Herzens-Business

***„Ich tue jetzt genau das, was mich erfüllt,
helfe wundervollen Frauen in
ihr eigenes Herzensbusiness und habe
endlich mehr Zeit für mich!"***

Schon vor einigen Jahren und vor Corona schlug es mich in Meikes Universum des Online Business. Damals war ich rund um die Uhr beschäftigt. Von einem Termin ging es zum nächsten. Ich arbeitete und arbeitete. Ich war vollkommen überlastet. Kaum Urlaub und kaum Freizeit.

Meine eigene Praxis wurde fast zu meinem Zuhause. Ich gab Coachings und Beratungen mit Schwerpunkt auf Gesundheit, allerdings hatte ich auch ein Atelier, in dem ich mit Kindern malte und anhand deren Zeichnungen ich mit den Eltern verschiedene Rückschlüsse ziehen konnte. Mein Arbeitsbereich war weit aufgestellt. Viel Präsenzzeit und viele Überstunden brachten mich letztendlich an mein Ende. Ich spürte, dass ich zurücktreten musste.

Als mein Mann und ich damals dann ein Haus bauten und meine Hilfe auf der Baustelle gefragt war, schloss ich für ganze sechs Monate meine Praxis. Diese Zeit war prägend, da ich merkte, dass ich in Zukunft nicht mehr so viel arbeiten wollte und konnte. Ich wünschte mir mehr Freiheit und Raum. Ich wollte mehr Reisen und mehr Zeit für mich und meine Familie haben. Ein unabhängiger Job, den ich von überall aus machen konnte, war mein Traum.

So kam ich letztendlich auf die Idee, mir ein Online Business aufzubauen. Was das bedeutete, war mir bis dato nicht klar. Ich verstand nichts von Online Business und konnte mir auch gar nicht ausmalen, welch riesiges Spektrum dies beinhaltete.

Ich stieß auf Meike und war von Anfang an hoch motiviert. Da merkte ich, dass es möglich war, mir online etwas aufzubauen und meinen Wunsch nach mehr Ruhe und finanzieller Freiheit zu erfüllen.

Meike riet mir zu Beginn, mir genau Gedanken zu meiner Zielgruppe zu machen. Da ich vorher ein weites berufliches Spektrum abdeckte, war es nun an der Zeit, mich auf eine Thematik zu konzentrieren. Das war gar nicht so einfach! Ich musste meine Gedanken klären und mir bewusstmachen, was genau mein Herzensbusiness war oder werden sollte. Was genau wollte ich tun und wobei wollte ich in Zukunft helfen?

Ich spürte tief in mich hinein und entschied mich, Frauen in die Selbstständigkeit zu führen. Innerhalb von drei Monaten hatte ich bereits 12 Module und ein ganzes Jahresprogramm entwickelt. Alles fiel plötzlich leichter und bereitete mir enorm Freude. Ich ließ los, was nicht mehr meins war und fokussierte mich auf mein Herzensthema.

Inzwischen biete ich verschiedene Kurse an, die in meinem Monats- und Jahresprogramm inklusive sind. Allerdings kann man diese auch individuell buchen. Gerade Online Kurse, schenken einem enorm viel Freiheit. Man ist nicht verpflichtet, ständig präsent zu sein, allerdings bin ich immer selbstverständlich Ansprechpartnerin.

Wer mit 45+ noch einmal richtig durchstarten, aber erst einmal in meine Welt hineinschnuppern möchte, kann auf meiner Website den Kurs „Finde deine Herzensbotschaft" buchen.

Gemeinsam schauen wir, welche Vision die Kundin hat und weshalb es essenziell ist, dieser zu folgen. Ich zeige, dass Arbeit Spaß bedeuten kann und gebe verschiedene Tools an die Hand, um selbstsicherer und motivierter zu arbeiten. In diesem Workshop erhält die Kundin Klarheit, was IHR Herzensthema und -Business ist und wie der Weg dorthin ausschauen könnte.

Möchte man nun noch tiefer gehen und auf dem Weg von mir begleitet werden, so biete ich ein direktes Mentoring an. Hier gehen wir in die tiefe Arbeit. Der Traum von der Selbstständigkeit war gestern! Mit mir dürfen Frauen ins Tun kommen und den Weg in die Erfüllung gehen. Wir erarbeiten einen genauen Plan, der zu mehr Effizienz und Sichtbarkeit führt.

Es gibt verschiedene Calls, ein Strategiegespräch, Co-Workings, eine sechs-monatige Akademie und vieles mehr. Ich arbeite sehr stark mit Sehnsüchten und gehe diesen tief auf den Grund. Arbeit muss nicht schwer sein! Arbeit sollte Spaß bringen! Wenn wir das tun, was uns tief erfüllt, so nennen wir es keine Arbeit mehr!

Ich erkenne schnell, ob etwas Potenzial hat und lenke gerne sanft in eine andere, anstrebende Richtung, falls diese mehr den Sehnsüchten entspricht. Denn wenn die Sehnsüchte befriedigt werden, dann sind die Menschen von Grund auf zufriedener. Wir dürfen Freude haben, in dem, was wir tun!

Ich selber habe schon lange aufgegeben, Dinge zu tun, die mich nicht erfüllen. Bringt mir etwas keine Freude, dann lasse ich es los oder gebe es ab. Das ist mein Erfolgsgeheimnis, das ich auch immer und immer wieder meinen Kundinnen vermittele.

Wer sich noch vollkommen unsicher ist, dem biete ich ein kostenloses Kennlerngespräch an. Zusammen schauen wir dann in welche Richtung es gehen soll und welche Tools genau benötigt werden. Gerne darf auch jede Frau in meine Facebook Gruppe „Weiblich durchstarten im Herzensbusiness" eintreten und sich Inspiration und Motivation holen.

Seitdem ich mein gesamtes Business online umgelagert habe, hat sich enorm viel getan. Ich tue genau das, was mich erfüllt, helfe wundervollen Frauen in ihr eigenes Herzensbusiness und habe endlich mehr Zeit. Mehr Zeit für mich! Ich fahre häufiger in den Urlaub und bin finanziell sehr gut abgedeckt.

Genau diese Freiheit hatte ich mir immer so sehr gewünscht. Dank Meike, ihrem Support und dem riesigen Know-How, habe ich es geschafft, diesen Weg zu gehen und meinen Traum zu leben! Ich fühle mich so leicht und vollkommen beseelt, in dem was ich tue.

Gerade in diesem Jahr sprechen immer mehr Leute von einer Krise, besser gesagt DER Krise. Man solle sich wappnen und vorausplanen. Doch ehrlich gesagt: Es gibt und es wird immer mal hier und dort schwere Krisen geben. Das Leben agiert in Wellen und mit einem Online Business ist man immer gut gewappnet. Die Onlinewelt läuft immer weiter. Mit einem Online Business kann man sich ein passives Einkommen aufbauen und mehr finanzielle Freiheit erarbeiten.

Wenn wir immer darauf warten, dass sich im Außen etwas verändert, wird sich nie etwas ändern. Es liegt an uns selber, zu handeln und für uns einzustehen. Genau das, bekommen meine Frauen auf den Weg. Wir dürfen stärker werden und uns erlauben, unsere eigene Freiheit zu leben. Die Frau darf ihre Frau stehen.

Mehr über Brigitta Bischof findest du hier:

https://www.brigittabischof.com/1_onlinekurs_herzensbotschaft/

*„Gewonnen oder verloren
wird zwischen den Ohren."*

Boris Becker

ALLEINE IST ES NICHT ZU SCHAFFEN

Wenn ich an meine Business-Anfänge zurückdenke, dann erinnere ich mich auch sehr gut daran, wie alleine ich mich damals gefühlt habe. Mit eiserner Disziplin habe ich mich durch den Online Business Dschungel gekämpft. Da war niemand, den ich fragen konnte – außer meinen Sohn Niklas - damals im Teenager Alter, der sich zum Glück brennend für mein wachsendes Online Business interessierte.

Sobald ich die größte Armut überwunden hatte, begann ich, in Coachings und Mentorings zu investieren. Ja, auch ich habe ein paar faule Eier gebucht: nicht jedes Versprechen wurde auch gehalten. Doch am Ende des Tages bin ich all meinen Mentor:innen überaus dankbar, denn alleine hätte ich es nie so weit geschafft.

Du brauchst jemanden, der dich fordert und fördert und mit dem du darüber sprechen kannst, wo du hinwillst und wie du das erreichen kannst. Das muss jemand sein, der schon ein paar Schritte weiter ist als du. Und du brauchst ein Netzwerk von Gleichgesinnten, die dir als Spiegel dienen und mit denen du großartige Kooperationen entstehen lassen kannst.

Ralf Schmitz, den du hier im Bonus-Beitrag findest, war schon als ich mit meinem Online Business begonnen habe, einer der Großen auf dem deutschsprachigen Markt. Umso mehr freue ich mich, dass er mich nun schon eine Zeit als Mentor begleitet und ich mich in diesem Rahmen jederzeit ganz persönlich mit ihm über mein Business austauschen kann.

Ralf Schmitz
Vom Traum, auf Mallorca zu leben, zum Millionen-Business

„Wenn du das tust, was du wirklich liebst, wirst du erfolgreich sein."

Vor 16 Jahren hatte ich den großen Traum, mit meiner Frau nach Mallorca auszuwandern. Ich war in einem Angestelltenverhältnis tätig und arbeitete zehn Stunden am Tag. Mein Ziel war es, 15.000€ zu erwirtschaften, um diese für die Auswanderung nutzen zu können. Doch wie sollte ich diese für mich damals riesige Summe bloß verdienen?

Eines Abends setzte ich mich an den Computer und tippte den Suchbegriff „Geld verdienen" im Internet ein. Sofort ploppte Prof. Dr. Oliver Pott mit seinem Report auf: „In 48 Stunden im Internet Geld verdienen".

Beeindruckt und hoch motiviert las ich mir den Report durch und setzte Schritt für Schritt alle Anweisungen und Tipps um. Nach 48 Stunden war ich tatsächlich online. Ich befand mich in solch einem Höhenflug, dass ich 1.000€ Urlaubsgeld heimlich aus unserer gemeinsamen Kasse entnahm und in Ads investierte. Es geschah, was geschehen musste. Mein Online Produkt, das zu der Zeit 27 € kostete, verkaufte sich lediglich ein Mal. Verzweifelt, überlegte ich mir schon, wie ich dies meiner Frau beichten sollte.

Doch dann sagte ich mir: „Wenn andere das können, kann ich das auch", und nahm mir daher den Report beziehungsweise das E-Book ein zweites Mal zur Hand und las noch einmal alles detailliert durch. Da fiel mir etwas Essenzielles auf, das ich überlesen hatte: Marketing!

Ich hatte überhaupt nicht an Marketing gedacht. Marketing bedeutete allerdings auch ein attraktiver Name! Mein damaliges Produkt hieß „Trend King". Niemand konnte sich etwas darunter vorstellen, weshalb auch niemand daran interessiert war.

Sofort änderte ich den Produkt-Namen und generierte ab dem darauffolgenden Tag zwei bis drei Verkäufe pro Tag. Dies sogar ohne Ads.

Ich arbeite und arbeite. Nachdem ich bereits zehn Stunden außer Haus war, um meinem normalen Brotjob nachzugehen, setzte ich mich weitere sechs Stunden an den Computer, um weiter zu lernen und meine eigenen Produkte zu erstellen.

Als nächstes verkaufte ich eine Adressenliste, die durch meine Tätigkeit bei einer Ebay Firma entstanden war. Damals war ich quer durch Europa gereist, um Importeur:innen und Großhändler:innen zu besuchen. Diese Kontakte waren sehr wertvoll, da sie anderen Ebay Händler:innen ermöglichte, in Zukunft effektiver einkaufen zu können. Durch diese mir angelegte Adressenliste verdiente ich um die 3.000€ im Monat bei einem Verkaufspreis von 19,70€ pro Liste.

Es ging Schritt für Schritt bergauf, bis ich zufällig in den USA auf „Affiliate Marketing" stieß. Alle rieten mir davon ab. Es sei Betrug und würde nicht funktionieren. Doch ich wusste, dass Affiliate Marketing genau meins werden könnte. Deswegen bildete ich mich mithilfe eines Kurses aus den USA weiter. Viele Strategien verstand ich, allerdings waren diese aufgrund fehlender Software-Programme noch nicht in Deutschland umsetzbar. Daher entschied ich, die erlernten Strategien an den deutschen Markt anzupassen und meine eigenen zu entwickeln.

Und dann ging es los! Ich suchte mir ein Produkt, das ich bewarb und nahm innerhalb von sieben Stunden ganze 3.000€ ein. Das war die wahre Geburtsstunde von meinem Online Business.

Ich stieß auf Mario Wolosz, der zu dem Zeitpunkt seine eMail-Marketing Software „Klick-Tipp" launchte. Durch Affiliate Marketing machte ich es möglich, ihm zusätzliche 300 Kund:innen einzubringen.

Meinen eigenen ersten Online Kurs launchte ich im Jahre 2009. „Autocash System", demonstrierte in 20 Videos, wie Affiliate Marketing funktionierte und wie jede:r auch mithilfe von Affiliate Marketing Geld verdienen könne. Nur an einem Wochenende nahm ich bereits ganze 40.000€ ein.

Die Lust wuchs und wuchs, immer weiterzumachen. Ich liebte, was ich tat und erhielt die Bestätigung, dass es funktionierte. Die 1.000€ Urlaubsgeld, waren nun schon lange Geschichte.

Letztendlich launchte ich den noch heute sehr bekannten „VIP Affiliate Club", der mir nach nur drei Tagen 240.000€ einbrachte. Zuvor überlegte ich mir genau, woran die meisten Menschen scheiterten und wie sie genau dies vermeiden könnten. Da viele dazu neigen bei einem Kurs immer direkt zum Ende zu springen und dadurch essenzielle Informationen verpassen, erstellte ich einen 52-wöchigen Kurs, der bewusst Woche für Woche Videos und Blätter einzeln freischaltete. Zu den Videos, gab es außerdem technische Erklärungen und Hausaufgaben, um konsequent Schritt für Schritt alles zu erlernen.

Heute biete ich ein zusätzliches und direktes Coaching an, damit Menschen noch mehr aus ihrem Potenzial schöpfen können.

Ein Team, das hinter mir steht und auf das ich mich blind verlassen kann, unterstützt mich zudem in meiner Arbeit und ist Teil meines Erfolgs.

Online Business Ikonen wie Prof. Dr. Oliver Pott (von dem ich damals meinen ersten Report gekauft hatte) sind heute nicht nur meine Kunden, sondern auch gute Bekannte von mir.

Für nächstes Jahr plane ich eine neue Mastermind mit den Größen der Branche, auf der bewusst auch erfolgreiche Speaker zu sehen sind, die noch nicht jede:r kennt.

Dass ich eines Tages mal so weit kommen würde, hätte ich mir anfangs nicht vorstellen können. Ich bin zur richtigen Zeit ins Online Business gestartet. Nicht zum perfekten, aber zum sehr guten Moment. Der perfekte Zeitpunkt ist JETZT! All die Möglichkeiten, die es heutzutage gibt, um durchzustarten, gab es zu meinem Zeitpunkt noch nicht.

Ich erinnere mich noch daran, als ich HTML lernen und ein Email Programm kaufen musste, das man sich heute gar nicht mehr vorstellen kann: In einem Server eingeloggt, konnte ich alle Adressen abrufen, um anschließend mir diese auf ein Blatt Papier zu notieren und wiederum Mails zu verschicken.

Heutzutage ist alles wesentlich leichter. Facebook, Instagram und Co. können einem zusätzlich helfen. Viele verschiedene Softwares vereinfachen einem die Arbeit enorm!

Was ich allen Leser:innen besonders mitgeben möchte ist, das Augenmerk auf Marketing zu lenken. Selbst der beste Online Kurs lässt sich nicht verkaufen, wenn das Marketing nicht funktioniert. Die Welt muss von dem Produkt lesen und hören. Marketing ist der Schlüssel dazu.

Ich habe viele Menschen kennengelernt, die einen sehr professionellen Online Kurs erstellt haben, allerdings durch das mangelhafte Marketing keine Verkäufe generieren konnten. Online Kurse sind langlebig! Werden diese gut vermarktet, werden sie auch noch nach vielen Jahren gekauft. Selbstverständlich muss man Updates und Entwicklungen beachten, doch beeinträchtigen diese nie die Qualität und Nachfrage eines Kurses.

Außerdem: Am Anfang ist es ein knallharter Weg! Das Bild vom Laptop am Strand oder am Pool ist nur eine Illusion oder eher, um wieder auf das Thema zurückzukommen, eine Marketingstrategie. Auch ich mache hin und wieder Bilder am Pool, doch ist dies wirklich nur dafür da, um das Interesse zu wecken. Keinesfalls möchte ich den Eindruck vermitteln, man würde mit einem Online Business kaum arbeiten und nur noch die Beine hochlegen. Es ist immer wichtig, kontinuierlich weiterzumachen, um sich gleichzeitig mehr Freiheit schenken zu können. Mit einem passiven Einkommen ist genau das möglich.

Heute kann ich frei entscheiden, wann und wohin ich verreise, wann ich arbeite und wann ich mir Pausen gönne. Niemand sagt mir, was ich zu tun habe, da ich mein eigener Chef bin. Zudem muss und möchte ich nicht an eine Rente denken. Das, was ich tue, liebe ich und möchte ich so lange tun, wie ich nur kann. Der plötzliche Tod meiner Frau im letzten Jahr, hat mir gezeigt, dass das Leben schnell zu Ende sein kann. Vierzig Jahre zu arbeiten, um dann eventuell als Rentner ein komfortableres Leben zu führen und dann zu reisen, entspricht nicht meiner Vorstellung vom Leben. Ich möchte nicht warten, sondern das Hier und Jetzt in vollen Zügen genießen.

Ich kann nur jedem ans Herz legen, durchzuhalten. Es wird am Anfang nie einfach sein, doch Fleiß zahlt sich aus und führt zum Erfolg. Wenn du das tust, was du wirklich liebst, wirst du erfolgreich sein. Am Ende wirst du dafür bezahlt und kannst pure Freiheit leben. Geld sollte nicht deine Motivation sein, sondern dein Wille, etwas weiterzugeben und erfüllt zu sein, mit dem, was du gibst.

Von nichts kommt nichts! Am Anfang musst du Gras fressen, um weiterzukommen. Doch wird es das wundervollste Gefühl sein, wenn du spürst, dass dein Business funktioniert und du damit erfolgreich bist.

Mehr über Ralf Schmitz findest du hier:

https://ralfschmitz.co/

Unsere tiefste Angst

ist nicht, dass wir unzulänglich sind, unsere tiefste Angst ist, dass wir über die Maßen machtvoll sind. Es ist unser Licht, vor dem wir am meisten erschrecken, nicht unsere Dunkelheit.

Wir fragen uns: Wer bin ich, dass ich so brillant, großartig, talentiert, fabelhaft sein sollte? Aber wer bist du denn, dass du es nicht sein solltest?

Du bist ein Kind Gottes. Dich klein zu halten, dient der Welt nicht.

Dich klein zu halten, damit die anderen um dich herum sich nicht unsicher fühlen: das hat nichts mit Erleuchtung zu tun.

Wir sind dazu bestimmt, zu leuchten wie Kinder. Wir sind geboren, um die Größe Gottes, der in uns lebt, zu verwirklichen.

Und diese Größe ist nicht nur in einigen von uns, sie ist in jedem Menschen.

Und wenn wir unser Licht leuchten lassen, dann geben wir unbewusst anderen Menschen die Erlaubnis, dasselbe zu tun.

Wenn wir selbst von Angst frei sind, dann sind die anderen durch unser Dasein auch frei.

Ich liebe dieses Zitat von Marianne Williamson. Leider wird noch immer oft fälschlicherweise behauptet, diese Zeilen stammen von Nelson Mandela, da er sie bei seiner Antrittsrede zitiert hat.

Über Meike Hohenwarter

Meike Hohenwarter ist Mentorin für wirksame Online-Business- und Marketing-Strategien und gilt in der DACH-Region als führende Expertin für Online-Kurse. Unter dem Motto „Live Your Full Potential – Mach Dein Wissen zu Geld" hat die digitale Strategin in den vergangenen 10 Jahren mehr als 500 Trainer, Berater und Coaches darin begleitet, im Netz selbst ein erfolgreiches Online-Business zu starten und es weiterzuentwickeln.

Meike Hohenwarter verspricht keine Erfolge über Nacht, sondern lehrt konsequenten, nachhaltigen Businessaufbau. Dadurch erzielen ihre Coachees ein stetig steigendes passives Einkommen, ernten eine höhere Anerkennung als Expert:innen und sind in der Lage, viel mehr Menschen zu helfen als zuvor. Mit weit über 100 erfolgreich vermarkteten Online-Kursen, einem Following von über 60.000 Teilnehmer:innen und einer Durchschnittsbewertung von über 4,5 von 5 Sternen für ihre Online-Kurse gilt Meike Hohenwarter mittlerweile als die „Online-Kurs-Queen". Ihr Wissen und ihre umfassende Erfahrung sind in Deutschland, Österreich und der Schweiz auch in Offline- und hybriden Events sehr gefragt. Als Keynote Speakerin ist Meike Hohenwarter unter anderem auf dem Internationalen Marketing Kongress (IMK) und auf dem Online Marketing Kongress (OMKO) eine feste Größe.

https://www.meikehohenwarter.com/

KOSTENLOSER BONUS

JETZT BESTELLEN:
Hole dir jetzt alle Interviews auf Video plus weiteres kostenloses Bonus-Material für deinen erfolgreichen Online Kurs Start!

bit.ly/OKEG22

Printed in Poland
by Amazon Fulfillment
Poland Sp. z o.o., Wrocław